Fußwürfe

Hayward Nishioka

Fußwürfe

für Judo, Karate und Selbstverteidigung

FALKEN

Gewidmet Herrn und Frau Oka

Danksagung

Mein Dank gebührt Igor Zatsepin, Mel Yoshioka und Edward Jaloma für ihre unschätzbare Hilfe bei der Zusammenstellung dieses Buches. Ebenso sei allen Dank, die mich in den Kampfsportarten unterrichteten, trainierten und auf andere Art unterstützten. Ohne sie wäre dieses Buch nicht möglich gewesen.

ISBN 3 8068 0439 7

Reihengestaltung: Zembsch' Werkstatt, München
Titelfoto: Fotostudio G+M Köhler, Leonberg
Übersetzung: Hans Jürgen Hesse

Gesamtherstellung: Neuwieder Verlagsgesellschaft mbH, Neuwied

04043978X161 514 131 211

Inhalt

Einführung

Traditionelles Ziel beim unbewaffneten Kampf ist, den Gegner zu Boden zu bringen, was entweder durch Schlagen, Treten, Stoßen, Ziehen oder Werfen geschehen kann.
Die in diesem Buch vorgestellten Methoden sind hochentwickelte Fußwürfe, wie sie in den Kampfsportarten verwendet werden. Beim Judo, wo sie am häufigsten gebraucht werden, teilt man sie in drei Grundkategorien ein: Feger, Sicheln und Räder. Außerdem gibt es noch einige nichtklassifizierte Techniken und verschiedene Kombinationen. Ähnliche Techniken werden auch beim Karate und zur Selbstverteidigung wirksam eingesetzt.
Fußwürfe können sowohl beim sportlichen Wettbewerb als auch bei der Selbstverteidigung sehr nützlich sein. Zwei Kämpfer, die durch den Einsatz von Fußwürfen große Erfolge errangen, sind der frühere Judo-Weltmeister Anton Geesink aus Holland und der Karate-Europameister Dominique Valera aus Frankreich. Beide sind hochgewachsen (Geesink ist 198 cm, Valera 186 cm groß) und mit ihren langen Beinen ideal für Fußfeger geeignet. Andere wählen sich Fußtechniken aus, die für ihre Körpermaße am besten geeignet sind, und passen sie ihren Erfordernissen an.
Die japanische Sonderpolizei zur Bekämpfung von Unruhen wendet Fußtechniken mit einem anderen Ziel an. Anstatt Unruhestifter mit den Händen zu ergreifen, gebrauchen sie in einer Menschenmenge verschiedene Fußtechniken; ihre Hände bleiben frei. Ebenso kann das Opfer eines Straßenüberfalls durch richtige Anwendung selbst des einfachsten Fußwurfs einen Angreifer lange genug ablenken, um fliehen zu können.

Dieses Buch versucht, die Grundlagen der Fußtechniken zu erklären und zu zeigen, wie sie für Judo, Karate und Selbstverteidigung praktisch angewendet werden können.

Fußwürfe für Judo

Feger

Wenn auch der Ursprung der Fußwürfe nicht ganz klar ist, werden sie doch seit Jahren von vielen Judoka sehr erfolgreich eingesetzt. Anton Geesink, der erste Nicht-Japaner, der eine Judo-Weltmeisterschaft errang, warf seinen Gegner Akio Kaminaga mit einem Sasae-tsuri-komi-ashi (Hebezug-Fußhalten) und hielt ihn dann auf der Matte fest. Damit gewann er 1964 bei den Olympischen Spielen die offene Klasse. Ebenso war in den USA Kazuo Shinohara mit diesem Wurf oft erfolgreich und wurde zweimal Meister in der offenen Klasse, obwohl er weniger als 70 kg wog.

Für den Neuling wirken die verschiedenen Fußwürfe oft ziemlich ähnlich, was sie aber nicht sind. So wird zum Beispiel der De-ashi-barai (Fußfegewurf) zum Werfen eines nach vorn gehenden Gegners eingesetzt, während der Harai-tsuri-komi-ashi (Hebezug-Fußfegewurf) beim nach hinten gehenden Gegner gebraucht wird. Bei einem seitlich ausweichenden Gegner kommt der Okuri-ashi-barai (Fußnachfeger) zur Anwendung. Der vielseitige Sasae-tsuri-komi-ashi wird meist bei einem sich seitlich bewegenden Gegner eingesetzt, kann aber auch gegen einen vorwärts gehenden Gegner gebraucht werden.

1

2

DE-ASHI-BARAI

(Fußfeger)

Locker zufassen, indem die linke Hand den rechten Ärmel und die rechte Hand den linken Kragenrand des Gegners ergreift (1). Den Gegner durch Ziehen an seinem linken Kragenrand zu einem Vorwärtsschritt zwingen und dabei den eigenen linken Fuß leicht zurücknehmen (2).

Den vorderen Fuß des Gegners fegen, während er sich in der Luft befindet, wobei gleichzeitig mit der linken Hand der rechte Arm des Gegners nach oben und mit der rechten Hand der linke Kragenrand des Gegners nach unten gerissen werden (3). Beim Durchziehen den Arm des Gegners loslassen, seinen Kragen jedoch weiter festhalten (4), bis der Gegner mit Abschluß der Technik auf dem Rücken liegt (5).

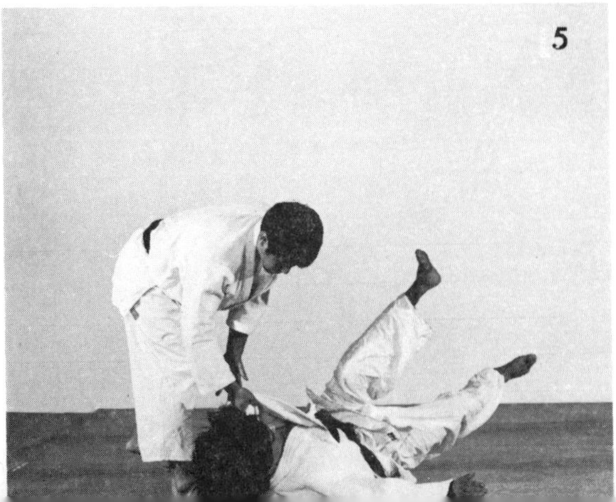

1

2

3

OKURI-ASHI-BARAI

(Fußnachfeger)

Locker zufassen (1). Den Gegner nach rechts zwingen, indem ein Schritt in diese Richtung gemacht und der Gegner mitgezogen wird (2). Wenn die Füße des Gegners zusammenkommen, das eigene Gleichgewicht verlagern (3) und mit einem langen Schritt nach rechts den Wurf vorbereiten (4). Das linke Bein des Gegners nach dessen rechter Seite fegen, wobei gleichzeitig der Oberkörper des Gegners in die entgegengesetzte Richtung gezogen wird (5). Beim Durchziehen weiter den Kragen des Gegners festhalten (6), dann das eigene Gleichgewicht wieder herstellen und die Technik beenden (7).

4

5

6

7

HARAI-TSURI-KOMI-ASHI

(Hebezug-Fußfeger einwärts)

Locker zufassen (1), dann mit dem linken Fuß einen Schritt nach vorn machen (2), wodurch der Gegner gezwungen wird, seinen rechten Fuß zurückzunehmen. Nachdem der Gegner seinen rechten Fuß aufgesetzt und dann seinen linken Fuß zur Wiederherstellung des Gleichgewichts zurückgenommen hat (3), mit dem rechten Fuß das

4

linke Bein des Gegners fegen (4). Beim Durchziehen den Oberkörper des Gegners auf den Boden drücken (5) und den Wurf abschließen (6).

5

Position der Hände beim Wurf

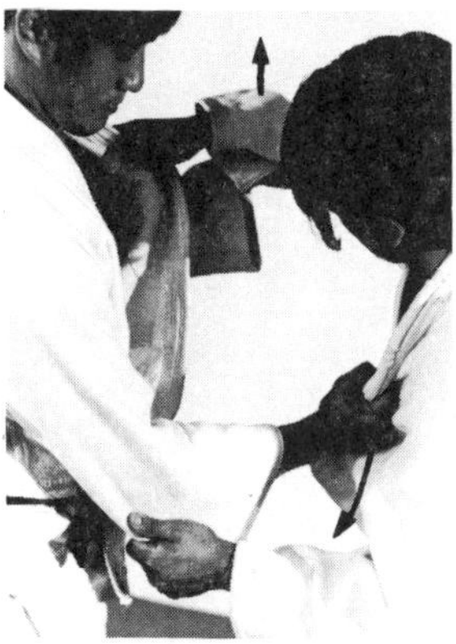

6

SASAE-TSURI-KOMI-ASHI

(Hebezug-Fußfeger)

Locker zufassen (1), dann den linken Fuß auf die rechte Seite des Gegners bringen (2). Die Zehen nach rechts in Richtung auf den Fuß des Gegners richten, um bei der Ausführung des Wurfs den Körper gut drehen zu können

(3). Das Gewicht auf den linken Fuß verlagern und den Gegner mit dem rechten Fuß fegen, während die linke Hand den rechten Arm des Gegners hochhebt und die rechte Hand den linken Kragenrand des Gegners nach vorn und nach unten zieht (4). Beim Durchziehen den Griff beibehalten (5) und den Gegner auf den Rücken werfen (6).

Sicheln

1948 gewann ein ungewöhnlich großer Asiate namens Yasuichi Matsumoto mit einem Repertoire von Techniken, zu denen auch ein vernichtender O-soto-gari zählte, die ersten alljapanischen Judo-Meisterschaften. Seit dieser Zeit gehören der O-soto-gari und andere Fußsicheln zu den Standardtechniken so bekannter Judoka wie dem alljapanischen Meister von 1965, Seigi Sakaguchi, und dem Gewinner der amerikanischen Meisterschaft in der offenen Klasse von 1967, Yasuhiko Nagatoshi.

Alle Fußsicheln werfen den Gegner nach hinten und sind deshalb besonders wirksam, wenn der Wurf in dem Moment erfolgt, in dem der Gegner nach hinten geht und sich nicht im Gleichgewicht befindet. Da die meisten Judoka jedoch aus einem Wurf nach hinten wieder leichter in eine günstigere Lage zurückfinden als bei seitwärts oder vorwärts ausgeführten Würfen, empfiehlt es sich, Fußsicheln noch durch Folgetechniken zu ergänzen. Nach Ansicht von Isao Okano, einem bekannten Experten für O-uchi-gari und Ko-uchi-gari, der 1964 bei den Olympischen Spielen eine Goldmedaille im Judo gewann, muß eine Fußsichel nicht unbedingt einen Gegner werfen, um wirksam zu sein. Seiner Meinung nach ist sie ebenso ein ausgezeichnetes Mittel, einen Gegner aus dem Gleichgewicht zu bringen, daß eine Folgetechnik sehr wirksam angebracht werden kann.

1

2

3

O-SOTO-GARI

(Große Außensichel)

Locker zufassen (1), dann in den Knien einknicken und mit dem linken Fuß einen Schritt nach vorn machen. Aus dieser Stellung heraus läßt sich die richtige Geschwindigkeit zur Ausführung dieser Sichel erzielen (2). Das linke Knie leicht gebeugt halten, wenn der rechte Fuß zum Werfen nach vorn geführt wird, wobei man mit dem Gegner Brust an Brust steht und sich etwas nach rechts lehnt (3). Das sichelnde Bein heben und hinter dem Gegner ausstrecken, wobei die eigene Hüfte den Gegner berührt und dessen Arme fest angezogen werden (4). Das rechte Bein schnell nach unten schlagen, dabei das rechte Bein des Gegners einhaken und hinter sich hochziehen (5). Gleichzeitig den Gegner mit der rechten Hand zu Boden drücken und mit der linken Hand seinen rechten Arm nach oben ziehen, um somit seinen Kopf nach unten zu bringen (6). Den Griff beibehalten, bis der Gegner auf dem Boden liegt (7).

Tiefe Handhaltemöglichkeit beim Werfen

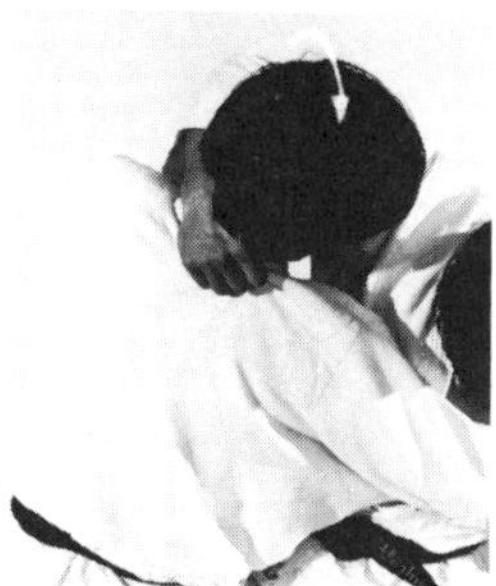

Hohe Handhaltemöglichkeit beim Werfen

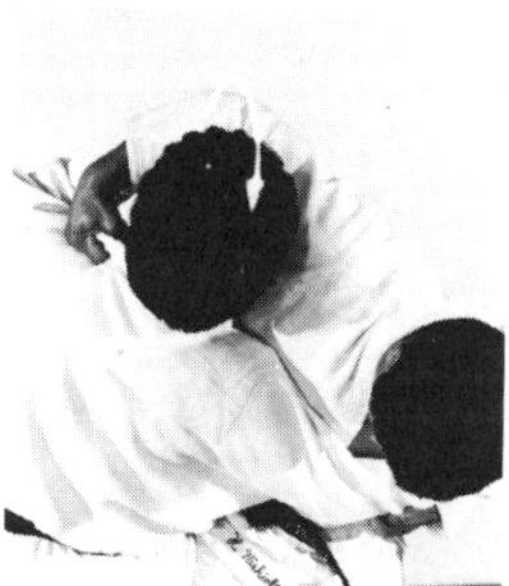

Stellung des werfenden Fußes im Moment des Aushebens

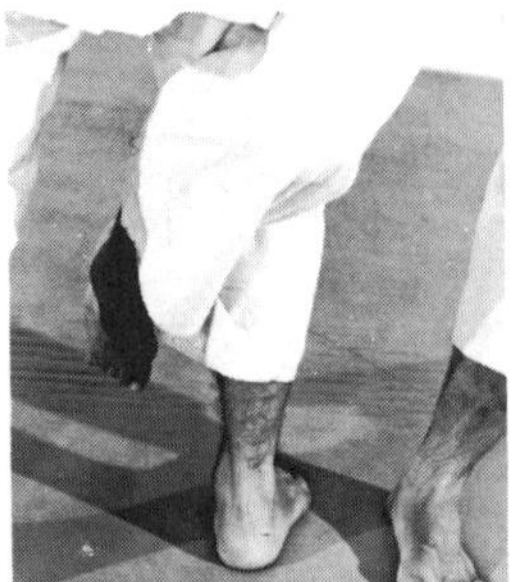

1

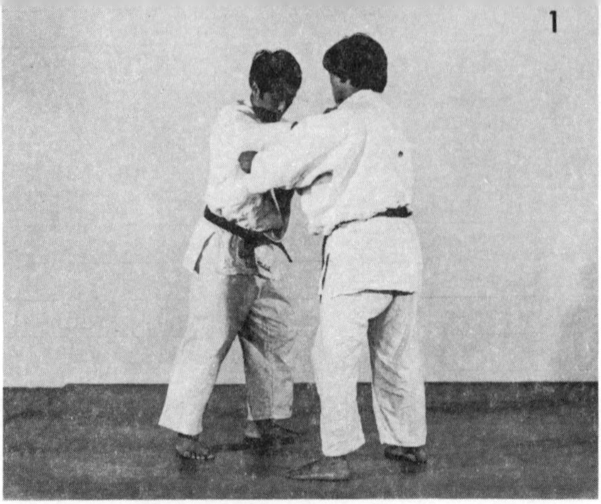

2

3

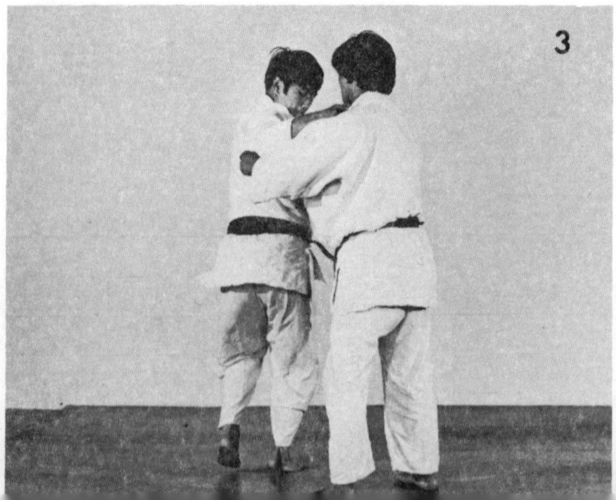

O-UCHI-GARI

(Große Innensichel)

Locker zufassen (1). Mit dem rechten Fuß nach vorn übertreten, wobei der Fuß rechtwinklig zum rechten Fuß des Gegners steht. Den Gegner zu drehen beginnen, indem man mit der rechten Hand gegen seine linke Schulter drückt und mit der linken Hand seinen rechten Arm anzieht (2). Den Oberkörper des Gegners nahe zu sich heranziehen. Dabei die eigene Hüfte entgegen dem Uhr-

zeigersinn drehen und den linken Fuß näher an den rechten bringen (3). Über die eigene Schwerpunktlinie hinaus nach vorn lehnen und das rechte Bein des Gegners mit einer Aufwärtsbewegung des linken Beines einhaken (4). Unter Beibehaltung des Griffs an Kragen und Ärmel sich auf den Gegner werfen, wenn dieser fällt (5) und ihn so auf den Rücken bringen (6).

Stellung des sichelnden Fußes im Moment des Aushebens

1

KO-UCHI-GARI

(Kleine Innensichel)

2

Locker zufassen (1), dann mit dem linken Fuß einen Schritt rückwärts machen und den Gegner durch Ziehen an seinem Ärmel nach vorn bringen (2). Wenn der Gegner einen Schritt nach vorn macht, mit dem rechten Fuß übertreten und den rechten Fuß des Gegners genau in dem Moment sicheln, wenn der Gegner sein Gewicht auf seinen linken Fuß verlagert (3). Das Bein so hoch wie möglich sicheln und gegen den Oberkörper des Gegners drücken (4). Wenn dieser fällt, den Griff beibehalten (5) und den Gegner auf den Rücken zwingen (6, 7).

3

4

5

6

Stellung des sichelnden Fußes im Moment des Aushebens

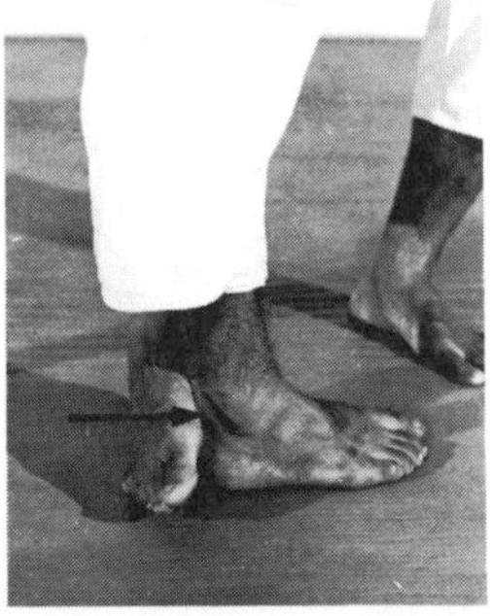

7

1

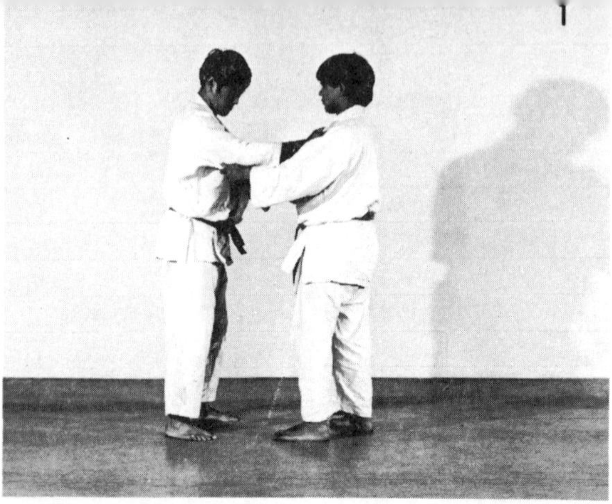

2

3

KO-SOTO-GARI

(Kleine Außensichel)

Locker zufassen (1). Wenn der Gegner beim Herziehen Widerstand leistet (2), etwas nach rechts heraustreten und dann den rechten Fuß schnell nach vorn bewegen, um den linken Fuß des Gegners zu sicheln (3). Beim Anheben von dessen Bein mit den Händen nach vorn stoßen, um den Gegner nach hinten zu bringen (4). Beim Fallen des Gegners dessen Kragen weiter festhalten, die linke

Hand jedoch an sein linkes Bein bringen, wenn er den Boden berührt (5); verhindern, daß sich der Gegner auf die Seite rollt (6).

Stellung des werfenden Fußes im Moment des Aushebens

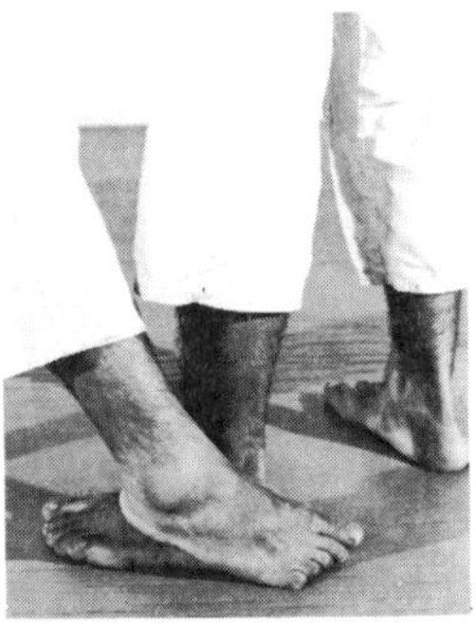

Räder

Unter Rädern (japanisch: Guruma oder Kuruma) versteht man diejenigen Techniken, die mit einer kreisförmigen Bewegung ausgeführt werden. Die hier vorgestellten Bein- und Fußräder, in der Reihenfolge ihrer Beschreibung genannt, sind der Ashi-guruma (Beinrad), der Hiza-guruma (Knierad), der O-soto-guruma (Großes Außenrad), der O-guruma (Großes Rad) und der gedrehte Uchi-mata (gedrehter Innerer Schenkelwurf).

Einer der bekanntesten Exponenten des O-guruma ist Yoshimi Ozawa, Kodokan-Ausbilder mit dem siebten Dan. Auf dem Höhepunkt seiner Wettkampflaufbahn setzte er seinen gefürchteten O-guruma sehr wirksam ein und besiegte häufig wesentlich größere Gegner, so auch den damaligen alljapanischen Meister Toshiro Daigo. Daigo war 1,83 m groß und wog 103 kg, während Ozawa bei einer Größe von 1,65 m nur 68 kg auf die Waage brachte.

Ein weiterer, für den fachmännischen Einsatz von Rädern bekannter Judoka ist Takeshi Koga, der sowohl mit dem O-guruma als auch mit dem Mawari Uchi-mata große Erfolge errang und einmal alljapanischer Universitätsmeister wurde.

Aus der Gruppe der anderen Räder wurde der Hiza-guruma früher dazu verwendet, den Gegner zu stören und seinen Angriffsplan durcheinander zu bringen. Seit dem Zweiten Weltkrieg ist diese Technik bei Wettkämpfen praktisch nicht mehr anzutreffen. Das gleiche gilt auch für den Ashi-guruma und den O-soto-guruma, die aber dennoch bei richtigem Einsatz ein wichtiger Bestandteil im Repertoire eines Judoka sein können.

1

2

ASHI-GURUMA

(Beinrad)

Locker zufassen (1). Auf dem rechten Fuß eindrehen und den linken Fuß so weit an den rechten Fuß heranziehen, bis man mit der eigenen rechten Körperseite vor dem Gegner steht. Gleichzeitig den rech-

3

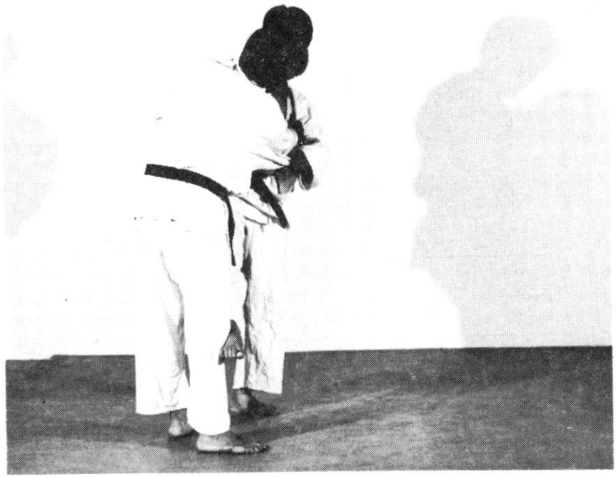

ten Arm des Gegners heranziehen und diesen dadurch zwingen, sich nach rechts zu beugen (2). Den rechten Fuß anheben und als Drehpunkt vor das rechte Knie des Gegners setzen (3). Dann den Gegner über diesen Drehpunkt ziehen (4). Wenn er fällt und den Boden berührt, seinen rechten Arm mit beiden Händen fassen (5).

4

5

1

2

3

HIZA-GURUMA

(Knierad)

Locker zufassen (1), dann das Gewicht auf das rechte Bein verlagern (2) und den linken Fuß nach vorn und etwas nach links setzen (3). Den Gegner mit der rechten Hand zu sich herüberziehen und mit der linken wegstoßen. Den linken Fuß neben den rechten Fuß des Gegners bringen, eindrehen und den rechten Fuß oberhalb des Knies des Gegners an der Außenseite ansetzen (4). Wenn sich der Fuß in der richtigen Stellung befindet, den Oberkörper des Gegners auf dessen linke Seite ziehen (5) und seinen linken Arm loslassen, wenn er fällt (6). Wenn der Gegner den Boden berührt, ihm mit Hilfe beider Hände auf den Rücken drehen (7).

4

5

6

7

O-SOTO-GURUMA

(Großes Außenrad)

Locker zufassen und unter Vorwärtssetzen des linken Fußes den Gegner nach vorn neben die eigene rechte Seite ziehen (1). Das rechte Bein hinter das rechte Bein des Gegners bringen (2) und sofort durch Niederschlagen

4

des Beines beide Beine des Gegners einhaken (3).
Dessen Beine nach oben ziehen und mit der rechten Hand gegen seine linke Schulter drücken. Gleichzeitig mit der linken Hand den rechten Arm des Gegners nach außen niederdrücken (4). Beim Durchziehen den Griff beibehalten (5) und den Gegner auf den Rücken zwingen, wenn er den Boden berührt (6).

5

6

O-GURUMA

(Großes Rad)

Locker zufassen (1). Mit dem linken Bein einen Schritt zum linken Bein des Gegners hin machen (2) und ihn nach seiner eigenen rechten Seite ziehen (3). Dann etwas nach hinten lehnen und beim Anheben des rechten Fußes auf dem linken Fußballen zu drehen beginnen (4). Beim Weg-

5

drehen der eigenen linken Körperseite vom Gegner das rechte Bein mit dem Oberschenkel nach außen an das rechte Bein des Gegners setzen. Gleichzeitig mit der linken Hand den rechten Arm des Gegners anziehen und mit der rechten Hand gegen seine linke Schulter drücken (5). Dann die Beine des Gegners nach oben fegen und ihn zu sich herüberziehen (6). Den Gegner auf den Rücken bringen (7) und beim Fallen abrollen (8).

6

7

8

GEDREHTER UCHI-MATA

(Gedrehter Innerer Schenkelwurf)

Locker zufassen und dann den linken Fuß seitwärts vor den Gegner setzen (1). Den Gegner nach seiner eigenen rechten Seite ziehen und den linken Fuß neben den linken Fuß des Gegners setzen. Dabei das Gewicht auf den Fußballen des linken Fußes verlagern (2). Auf dem linken Fuß eindrehen, wobei das rechte Bein schnell hochgerissen und zwischen die Beine des Gegners gebracht wird (3). Das linke Bein des Gegners in Oberschenkelhöhe einhaken und das eigene Bein nach oben schwingen, wobei gleichzeitig mit den Händen der Oberkörper des Gegners herangezogen wird. Je tiefer der eigene Kopf gehalten wird, desto höher erfolgt der Ausheber (4). Über dem Gegner bleiben, wenn er fällt (5), und dann bei Bodenberührung über ihm abrollen (6 und 7).

Stellung der Beine im Moment des Aushebens

Kombinationen und nichtklassifizierte Techniken

Dieser letzte Abschnitt über Judo-Fußtechniken befaßt sich mit Kombinationen und einigen unorthodoxen Techniken, deren Einordnung in einer der drei Hauptkategorien noch aussteht.

Eine nichtklassifizierte Technik, der in jüngster Zeit große Aufmerksamkeit entgegengebracht wird, ist der »angetäuschte Ko-soto-gari«. Diese unorthodoxe Technik wird als Alternative zum herkömmlichen Uchi-mata eingesetzt und wurde von Nobuo Maejima erfunden, der an der Tenri-Universität studierte und später Mitglied der japanischen Judo-Nationalmannschaft war. Dieser angetäuschte Ko-soto-gari wurde ebenso vom früheren US-Meister Jim Bregman erfolgreich angewendet und gehört nun zu den am meisten nachgeahmten Techniken im Judo.

Alle Techniken dieses Kapitels verdeutlichen das Prinzip, vorhandene Methoden den eigenen Erfordernissen anzupassen. So ist zu hoffen, daß der Leser durch dieses Buch zu eigenen Experimenten ermutigt wird und neben den herkömmlichen Techniken auch diese ungebräuchlichen Techniken verwendet.

1

KO-SOTO-BARI

(Kleine Außenklammer)

2

Locker zufassen (1). Mit dem linken Fuß einen Schritt nach vorn machen und ihn neben den rechten Fuß des Gegners setzen. Dann beginnen, den rechten Fuß nach vorn zu bewegen (2). Den rechten Fuß rechtwinklig zum rechten Fuß des Gegners absetzen, dabei leicht im Knie einknikken und den linken Fuß hinter den Gegner bringen (3). Das linke Bein um das rechte Bein des Gegners haken (4), dann

3

4

dessen Bein durch Einschnappen nach oben sicheln und gleichzeitig mit Händen und Oberkörper nach vorn drücken (5). Zum Abschluß der Technik den Gegner auf den Rücken zwingen (6).

5

Stellung des Wurfbeines im Moment des Aushebens

6

1

2

NIDAN KO-SOTO-GARI

(Doppelte Kleine Außensichel)

Locker zufassen. Den Gegner zu sich heranziehen und den rechten Fuß außen neben den linken Fuß des Gegners stellen (1). Wenn dieser Widerstand leistet und sich zurückbeugt, das rechte Bein zum Sicheln an seinen linken Knöchel ansetzen (2). Das Bein des Gegners nach oben sicheln und ihn so aus dem Gleichgewicht bringen (3). Dann sofort den eigenen Fuß wieder zurückführen (4) und das rechte Bein des Gegners wegsicheln, wobei gleichzeitig an seinem Kragen gezogen und sein Arm zurückgedrückt wird (5). Beim Durchziehen den Griff beibehalten (6), bis der Gegner auf dem Boden liegt (7).

3

4

5

6

7

1

2

ANGETÄUSCHTER KO-SOTO-GARI

(Angetäuschte Außensichel)

Locker zufassen (1). Den rechten Fuß nach hinten ziehen, als ob man einen O-soto-gari ausführen wollte (2), dann mit dem linken Fuß abspringen. Gleichzeitig das rechte Bein anheben und mit den Hüften in Richtung Gegner drehen (3). Wenn dieser zur Verhinderung des ver-

3

4

meintlichen Wurfs selbst seine Hüfte wegdreht, die eigene Hüfte sofort wieder zurücknehmen, den linken Fuß absetzen und den rechten Fuß ohne Zögern nach hinten und gleich wieder nach vorn nehmen (4). Mit dem rechten Fuß beide Beine des Gegners wegfegen und ihn gleichzeitig über das Wurfbein ziehen (5). Den Gegner zum Abschluß der Technik auf den Rücken bringen (6).

5

6

KO-UCHI-GARI VARIATION 1

(Kleine Innensichel)

Locker zufassen (1). Den rechten Fuß an die Innenseite des rechten Fußes des Gegners bringen, gleichzeitig mit dem linken Fuß zurücktreten und mit der rechten Hand

3

zum rechten Knie des Gegners greifen (2). In den Gegner »hineingehen«, seinen rechten Arm über die Schulter ziehen und sein rechtes Knie mit der Hand festhalten, während gleichzeitig sein rechter Fuß mit der rechten Ferse weggesichelt wird (3). Den Gegner nach dem Sicheln auf den Boden drücken (4) und ihn auf den Rücken zwingen (5).

4

5

1

KO-UCHI-GARI VARIATION 2

(Kleine Innensichel)

Anmerkung: Diese Variation des Ko-uchi-gari ist zum Einsatz gegen größere Gegner bestimmt. Während die Bewegungen mit denen von Variation 1 übereinstimmen, ist die Bewegungsrichtung der Sichel anders.

Locker zufassen (1) und wie bei Variation 1 mit dem rechten Fuß einen Schritt nach vorn machen (2). Den Gegner zu sich heranziehen und sein Knie fassen (3). Anstatt jedoch mit der Ferse zu fegen, den rechten Fuß an die Außenseite des rechten Fußes des Gegners setzen (4). Dann den Körper entgegen dem Uhrzeigersinn drehen, mit dem Oberkörper in den Gegner »hineingehen« und sein Bein zwischen seinem linken Fuß und dem eigenen linken Fuß zurücksicheln (5). Mit einer Drehbewegung durchziehen (6) und das Bein des Gegners eingehakt lassen, bis dieser mit den Schultern die Matte berührt (7).

2

3

4

5

6

7

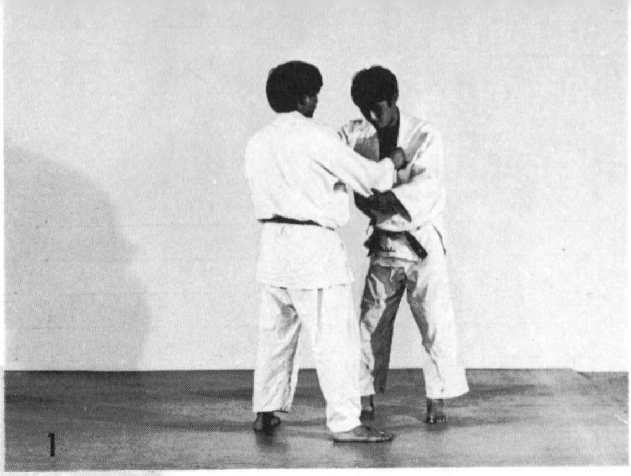

1

2

KO-UCHI-GARI O-UCHI-GARI KOMBINATION

(Kleine Innensichel zu Großer Innensichel)

Locker zufassen (1) und den Gegner auf dessen rechte Seite zwingen, indem beim Zurücktreten mit dem linken Fuß am rechten Arm des Gegners gezogen wird (2). Für einen Ko-uchi-gari in Stellung gehen, bevor der Gegner versucht, einen Schritt nach vorn zu machen (3). Wenn der Gegner gerade

3

4

5

6

wieder sein Gewicht auf den rechten Fuß verlagern will, diesen Fuß wegsicheln, so daß der Gegner sein Gewicht auf den linken Fuß verlagern muß (4). Dann schnell mit dem sichelnden Bein auf die andere Seite überwechseln und das linke Bein des Gegners hinter dem Knie einhaken (5). Das linke Bein des Gegners nach oben ziehen und so den Abstand zwischen seinen Füßen vergrößern (6). Dann mit den Händen und dem Oberkörper nach vorn drücken (7). Den Griff beibehalten, bis der Gegner auf den Rücken gezwungen ist (8).

7

8

1

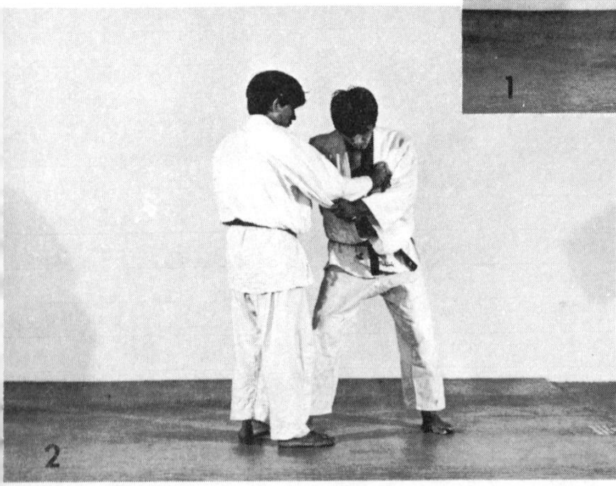

2

KUCHIKI-DAWOSHI

(Toter-Baum-Wurf)

Locker zufassen (1), dann wie beim Ko-uchi-gari vorgehen, indem mit dem rechten Fuß in den Gegner »hineingegangen« und dessen rechtes Bein weggesichelt wird (2, 3 und 4). Nach dem Sicheln

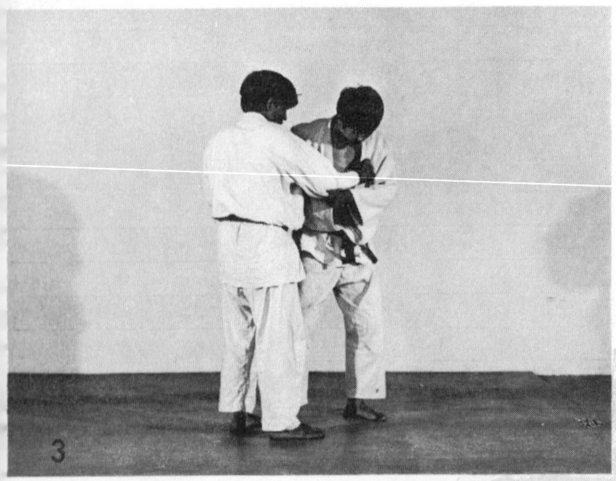

3

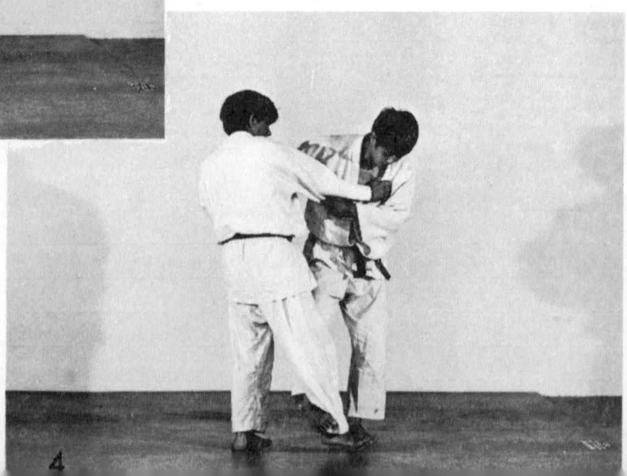

4

5

das rechte Bein des Gegners mit der linken Hand fassen (5). Das Bein nach oben ziehen und sofort einen O-uchi-gari am linken Bein des Gegners ansetzen (6). Das rechte Bein und den linken Arm des Gegners beim Werfen weiter festhalten (7) und den Gegner auf den Rücken zwingen (8).

6

7

8

1

2

KANI-BASAMI

(Krebsschere)

Locker zufassen (1) und mit dem rechten Fuß nach vorn gehen (2). So schnell wie möglich den linken Fuß hinter den rechten bringen (3) und dann plötzlich das rechte Bein vor den Gegner bringen,

während das linke Bein hinter ihn geführt wird (4). Wenn der Gegner die Matte berührt, seine Beine nach oben drükken und ihn so auf den Rükken zwingen (5).

Anwendung der Beinschere in der Seitenansicht

ASHI-BARAI KOMBINATION

(Fußfeger-Kombination)

Locker zufassen (1). Wenn hierbei die Bewegungsrichtung durch eigenes Vorgehen oder das des Gegners einmal feststeht, einen Ashi-barai vorbereiten (2 und 3). Wenn der Gegner dem Fußfeger durch festes Aufsetzen sei-

5

6

nes rechten Fußes widersteht (4), schnell das Gewicht verlagern und einen zweiten Ashi-barai vorbereiten (5). Hierzu mit der rechten Hand am Kragen des Gegners ziehen und den rechten Fuß an den linken Knöchel des Gegners setzen (6). Dessen Bein wegfegen, dabei gleichzeitig seinen Kragen festhalten (7) und den Gegner auf den Rükken zwingen (8).

7

8

Fußwürfe für Karate

Wenn Fußwürfe in passenden Situationen richtig eingesetzt werden, können sie dem Karate eine wichtige neue Dimension geben. Mit ihnen kann der Karate-Sportler seinem Repertoire größere Vielseitigkeit, ein Überraschungsmoment und einen spürbaren psychologischen Vorteil hinzufügen, vorausgesetzt, er trainiert diese Techniken intensiv.

Während viele Karate-Schulen den Fußwürfen immer noch ihre Anerkennung versagen, wurden sie zum Gütezeichen von zumindest einem Karate-Sportler, nämlich dem Europameister Dominique Valera. Der langbeinige Franzose, der vom Judo herkommt, brachte während seiner glänzenden Wettbewerbskarriere unzählige Gegner auf die Matte. Ein weiterer, sehr bekannter Karate-Sportler, der mit Fußwürfen sehr erfolgreich war, ist der amerikanische Karate-Star Chuck Norris, der sich vor seinem Rücktritt im Jahre 1970 so ziemlich alle wichtigen Titel holte, die es zu gewinnen gab.

Die in diesem Buch wiedergegebenen Techniken kommen in der Phase des gegnerischen Angriffs zur Anwendung, für die sie sich am besten eignen, nämlich in der Abwarte-, Angriffs-, Kontakt- oder Rückzugsphase.
Um diese Fußtechniken in den eigenen Karate-Stil eingliedern zu können, sollten sie ständig geübt werden. Zu beachten sind die folgenden Trainingsanweisungen: Jede einzelne Bewegung langsam durchführen, bis man die günstigste Körperhaltung für sich gefunden hat. Außerdem ist es vorteilhaft, wenn man dabei von einem Trainingspartner (möglichst ein Karateka, der diese Techniken kennt) beobachtet und verbessert wird. Wenn man dann allmählich mit der Technik vertrauter wird, kann man sie schließlich immer schneller ausführen, bis zuletzt die maximale Geschwindigkeit erreicht wird. Wenn sich in den Bewegungsablauf jedoch ein Fehler eingeschlichen hat, sollte so lang mit verminderter Geschwindigkeit trainiert werden, bis der Fehler korrigiert ist.

1

2

3

HARAI-TSURI-KOMI-ASHI

(Hebezug-Fußfegerwurf)

Aus der Kampfstellung heraus (1) mit dem linken Arm wie zu einem Schlag ausholen, dabei mit dem linken Bein einen Schritt nach vorn machen und mit der rechten Hand den linken Ärmel des Gegners fassen (2). Wenn der Gegner nach hinten auszuweichen beginnt, seinen Ärmel gefaßt halten und gleichzeitig mit dem rechten Bein einen Fußfeger einleiten (3). Den Arm des Gegners zu sich heranziehen, dabei dessen rechtes Bein fegen (4) und ihn mit der linken Hand zu Boden drücken (5). Beim Fallen den linken Arm des Gegners weiter festhalten (6), dann sich bereithalten (7) und mit einem Fauststoß zum Kopf des Gegners nachfolgen (8 und 9).

4

5

6

7

8

9

1

DE-ASHI-BARAI

(Fußfegewurf)

2

Bei dieser Bewegungsfolge dem Gegner gegenüberstehen, wobei das rechte Bein vorn ist (1). Dann im Vorwärtsgehen einen Sprungangriff mit der linken Faust antäuschen, während die rechte Hand ausgestreckt wird (2). Den linken Fuß nach vorn bringen und kurz vor dem vorderen Fuß des Gegners

3

absetzen. Dabei gleichzeitig das linke Handgelenk des Gegners fassen, wenn er darauf wartet, den angetäuschten Schlag zu kontern (3). Mit dem rechten Bein einen Fußfeger ausführen. Dabei den linken Arm des Gegners nach unten ziehen und mit der freien Hand gegen seine Schulter drücken (4). Den Arm des Gegners beim Fallen weiter festhalten, dann sich sofort wieder bereithalten (5) und mit einem Fauststoß nachfolgen (6).

KO-UCHI-GARI

(Kleine Innensichel)

Wenn sich der Gegner aus der Kampfstellung nach vorn bewegt (1), den rechten Arm für einen Unterarmblock in Stellung bringen (2). Den Fauststoß des Gegners über

3

das linke Ohr ablenken, dabei mit beiden Händen den rechten Arm des Gegners fassen und gleichzeitig den rechten Fuß zwischen seine Beine bringen (3). Den Arm des Gegners fest gefaßt halten, gleichzeitig sein rechtes Bein fegen (4) und eine Nachfolgetechnik vorbereiten, wenn er fällt (5).

4

5

1

2

KO-SOTO-BARI

(Kleine Außenklammer)

Der Gegner geht aus der Kampfstellung vor (1), um mit einem linken Fauststoß anzugreifen (2). Den Fauststoß mit einem Abwehrblock nach oben parieren, dann den Arm

3

4

5

des Gegners hoch über seinen Kopf heben und das rechte Bein hinter das linke Bein des Gegners bringen (3). Sein Bein nach vorn ziehen (4), dabei seinen Arm mit Hilfe der freien Hand zurückstoßen (5 und 6). Dann sich sofort wieder bereithalten (7) und mit einem Fauststoß nachfolgen (8).

6

7

8

1

2

O-UCHI-GARI

(Große Innensichel)

Aus der Kampfstellung heraus (1) mit einem Fausträckenschlag zum Gesicht des Gegners angreifen (2). Dabei hinter das vordere Bein des Gegners treten (3). Wenn dieser den Angriff abblockt, den rechten Fuß zwischen seine Beine bringen und ge-

3

4

5

6

gen seinen abwehrenden Arm drücken (4). Mit der rechten Hand gegen die Schulter des Gegners drücken und gleichzeitig dessen Bein in die entgegengesetzte Richtung ziehen (5). Dann durch Vorwärtsdrücken die Technik durchziehen (6). Wenn der Gegner den Boden berührt, sich sofort wieder bereithalten (7), um eine Nachfolgetechnik durchzuführen (8).

7

8

O-SOTO-GARI

(Große Außensichel)

Der Gegner geht mit einem Fauststoß aus der Kampfstellung vor (1). Den Fauststoß mit der rechten Hand nach links abwehren (2) und gleichzeitig mit dem rechten Bein nach vorn gehen (3).

5

6

Wenn das linke Bein nach vorn gebracht wird (4), die linke Hand über die Schulter des Gegners führen. Dabei die rechte Hand gegen die Mitte seines Rückens drükken und sein vorderes Bein wegsicheln (5). Wenn der Gegner fällt, seinen Arm weiter festhalten (6) und mit einem Fauststoß nachfolgen (7 und 8).

7

8

Fußwürfe für Selbstverteidigung

Das einzige Erfordernis bei Selbstverteidigungstechniken ist, daß diese gegen körperliche Angriffe wirksam sein müssen. Sie brauchen nicht besonders »kunstvoll« zu sein und müssen auch keine Kampfrichter beeindrucken.
Die in diesem Kapitel beschriebenen Fußtechniken wurden aus den vorangegangenen Abschnitten Judo und Karate genommen und spontanen Angriffssituationen angepaßt. Die drei verschiedenen Phasen eines Angriffs – Annähern, Zuschlagen und Zugreifen – erfordern möglicherweise jede für sich eine verschiedene Abwehrtechnik. Deshalb sind die hier behandelten Techniken genau auf die jeweils betreffenden Phasen abgestimmt. So ist zum Beispiel der vielseitig verwendbare O-soto-gari bei allen drei Angriffsphasen einsetzbar.

Es ist unwahrscheinlich, daß man mit Fußfegern, Sicheln und Rädern allein einen Angreifer überwältigen kann. Wenn diese Techniken jedoch mit einigen einfachen Hand- und Fußtechniken kombiniert werden, bieten sie ein Höchstmaß an persönlichem Schutz. Ein Angreifer wirkt wohl kaum imponierend, wenn er auf dem Rücken liegt.
Natürlich müssen diese Selbstverteidigungstechniken genauso intensiv wie die entsprechenden Techniken im Judo oder Karate geübt werden, um überhaupt wirksam zu sein. Wenn man sich nämlich im Ernstfall auf Techniken verläßt, die nicht wirklich beherrscht werden, kann dies katastrophale Folgen haben. Erst wenn man gründlich mit den Techniken vertraut ist, weiß man, wie und wann sie gebraucht werden können.

1

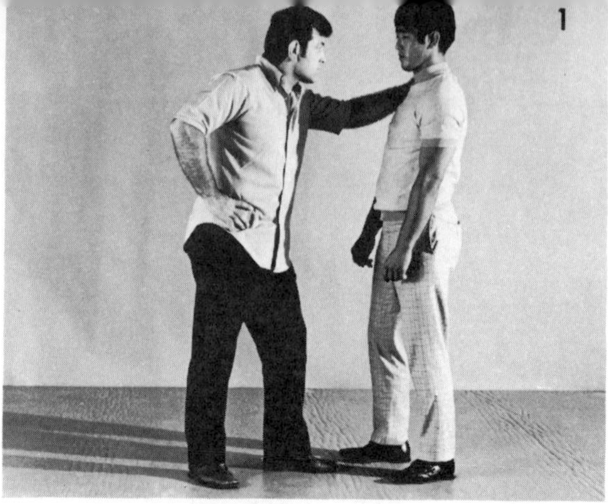

2

3

DE-ASHI-BARAI

(Fußfeger)

Bei Annäherung des Angreifers

Ein Angreifer leitet einen Angriff oft dadurch ein, daß er das Opfer mit einer bedrohlichen Geste berührt. In der hier abgebildeten Situation (1) legt der Angreifer (links) seine linke Hand auf die Schulter, wobei er seine rechte Hand zum Schlagen frei läßt. In dem Moment, in dem man fühlt, daß er tatsächlich angreift, leicht in den Knien einknicken, das rechte

4

Bein nach vorn bewegen, dabei gleichzeitig mit der linken Hand zum Genick des Angreifers fassen und den rechten Arm auf dessen linken Arm legen (2). Dann mit dem rechten Fuß das linke Bein des Angreifers wegfegen, während der linke Arm des Angreifers nach unten gezogen wird. Dabei gegen seine Schulter oder sein Genick drücken (3). Wenn der Angreifer fällt, auch mit der linken Hand seinen Oberkörper nach unten drücken (4), dann abschließend mit beiden Händen einen Armhebel ansetzen. Dabei seitlich neben dem Angreifer stehen (5 und 6).

5

6

1

2

OKURI-ASHI-BARAI

(Fußnachfeger)

Bei Annäherung des Angreifers

Diesmal nähert sich der Angreifer (rechts) in einer recht offensichtlichen Art und Weise und nimmt eine normale Boxhaltung ein. Mit dem linken Fuß nach vorn gehen und

3

mit der linken Hand zum rechten Arm des Angreifers fassen (1). Dann mit dem rechten Fuß nach vorn gehen, während man den vorderen Arm des Angreifers faßt und diesen zugleich nach vorn und nach unten zieht (2). Dann das rechte Bein des Angreifers wegfegen (3) und beim Fallen des Angreifers mit beiden Händen einen Armhebel ansetzen (4 und 5).

4

5

1

2

O-SOTO-GARI

(Große Außensichel)

Bei Annäherung des Angreifers

Der Angreifer nimmt wiederum eine Boxerhaltung an (1). Mit dem linken Bein einen Ausfallschritt nach vorn machen, dabei den rechten Arm des Angreifers fassen und gleichzeitig den eigenen rechten Arm nach vorn bringen (2). Mit dem rechten Bein übertreten, bis es sich hinter

3

4

dem rechten Bein des Angreifers befindet, dann dessen Bein einhaken und gleichzeitig die rechte Hand zum Kinn des Angreifers bringen (3). Das Bein des Angreifers wegsicheln, dabei mit der rechten Hand nach oben stoßen und mit der linken Hand den rechten Arm des Angreifers nach unten ziehen (4). Wenn dieser fällt, seinen Arm weiter festhalten (5). Sobald der Angreifer den Boden berührt, wieder in den Stand gehen und mit Hilfe der rechten Hand einen Armhebel ansetzen (6).

5

6

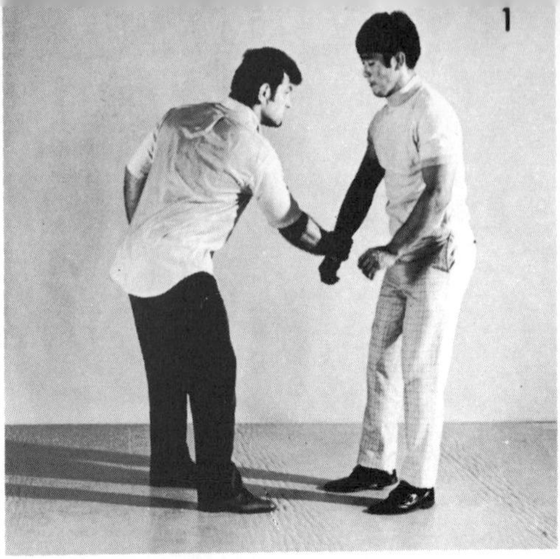

O-SOTO-GARI

(Große Außensichel)

Beim Zufassen des Angreifers

Hier wird man vom Angreifer am rechten Arm gepackt (1). Mit der freien Hand den Unterarm des Angreifers fassen, dabei gleichzeitig mit dem rechten Bein nach hinten treten und den Angreifer nach vorn ziehen (2). Mit dem linken Bein nach vorn treten, während sich der Angreifer noch außer Gleichgewicht befindet (3). Wenn er versucht, durch Zurückziehen sein Gleichgewicht wiederzufinden, das rechte Bein hinter den Angreifer bringen und dabei seinen Arm weiter festhalten (4). Dann den rechten Arm befreien und mit diesem den Angreifer rechts am Hals fassen. Das Bein des Angreifers wegsicheln und ihn gleichzeitig nach hinten drükken (5). Das eigene Gleichgewicht wieder herstellen (6) und die Technik mit einem Armhebel abschließen (7).

4

5

6

7

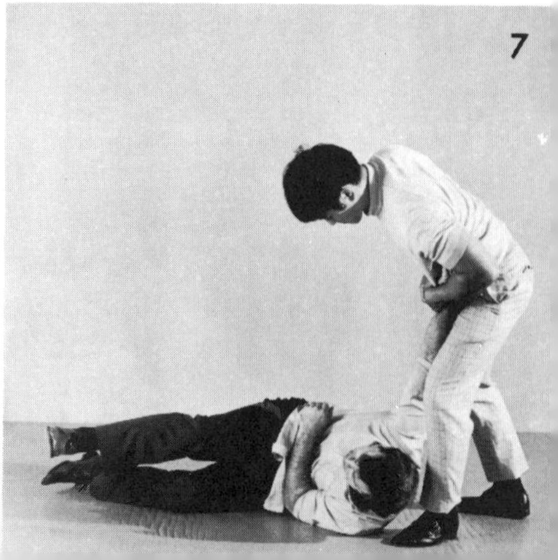

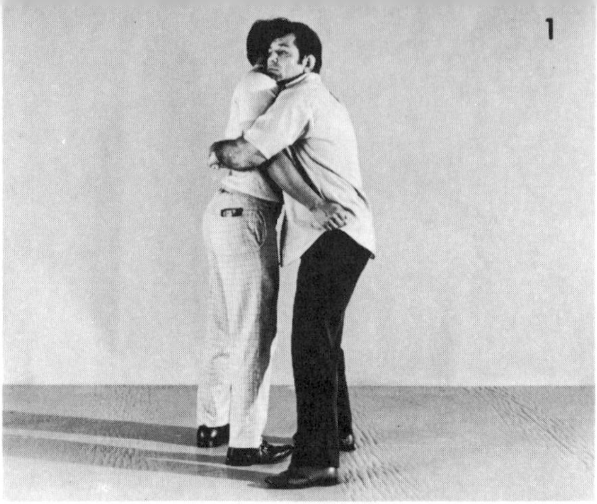

1

2

O-UCHI-GARI

(Große Innensichel)

Beim Zugreifen des Angreifers

In dieser Situation wird man vom Angreifer umklammert (1). Den linken Fuß hinter den rechten setzen (2). Sich mit

3

4

dem Gewicht auf dem linken Fuß gegen den Angreifer lehnen und dessen linkes Bein mit dem rechten Fuß wegsicheln (3). Das Bein des Angreifers hinter sich hochheben und dabei weiter nach vorn drücken (4). Wenn der Angreifer fällt, auch das linke Bein nach oben nehmen (5), um damit eine zusätzliche Hebelwirkung zu erreichen (6).

5

6

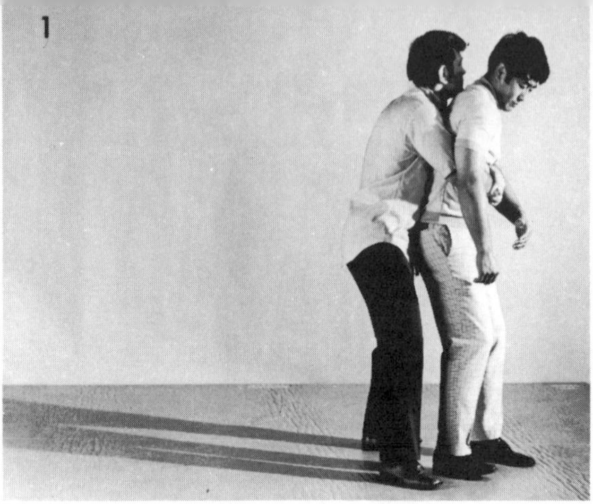

1

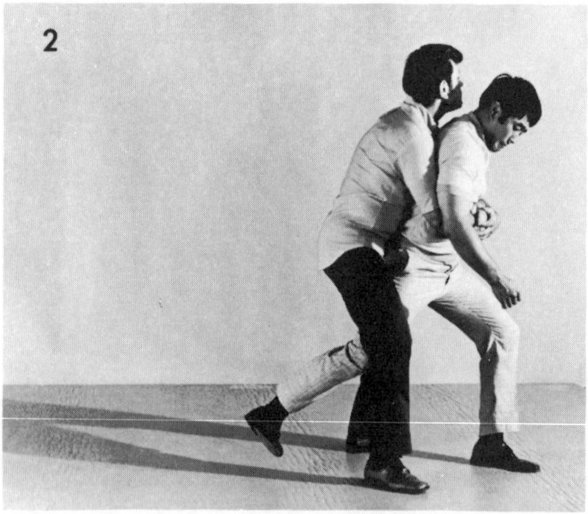

2

3

KO-UCHI-GARI

(Große Innensichel)

Beim Zugreifen des Angreifers

Wenn man von einem Angreifer von hinten umklammert wird (1), den Oberkörper etwas nach rechts lehnen, dabei mit der linken Hand den rechten Arm des Angreifers fassen und das rechte Bein so weit wie möglich zwischen die Beine des Angreifers

bringen (2). Das rechte Bein des Angreifers einhaken und nach vorn wegsicheln, gleichzeitig mit dem Oberkörper nach hinten drücken (3). Weiter nach hinten drükken, bis der Angreifer den Boden berührt. Dabei seinen rechten Arm festhalten, um den Angreifer unter sich zu halten (4 und 5). Wenn dann die Beine vom eigenen Schwung in die Luft gehoben werden, nach rechts abrollen und sich vom Angreifer befreien (6).

HIZA-GURUMA

(Knierad)

Beim Zuschlagen des Angreifers

Aus einer Boxstellung heraus (1) kommt der Angreifer vor, um zuzuschlagen. Anstatt sich gegen die Kraftrichtung des Angriffs zu bewegen, eher in Richtung des Schlags mitgehen, diesen dabei mit dem entsprechenden Arm abblocken und mit der freien Hand nach vorn fassen (2).

Das rechte Bein nach vorn bringen, bis es sich neben dem rechten Bein des Angreifers befindet. Dann dessen Kopf fassen, seinen Schlagarm nach vorn ziehen und das linke Bein zur Vorbereitung des Wurfs anheben (3). Das Wurfbein gegen das rechte Bein des Angreifers setzen (4), diesen darüberziehen und beim Fallen den Arm des Angreifers weiter festhalten (5). Sich zur Vorbereitung eines Gegenangriffs sofort wieder bereithalten, wenn der Angreifer den Boden berührt (6).

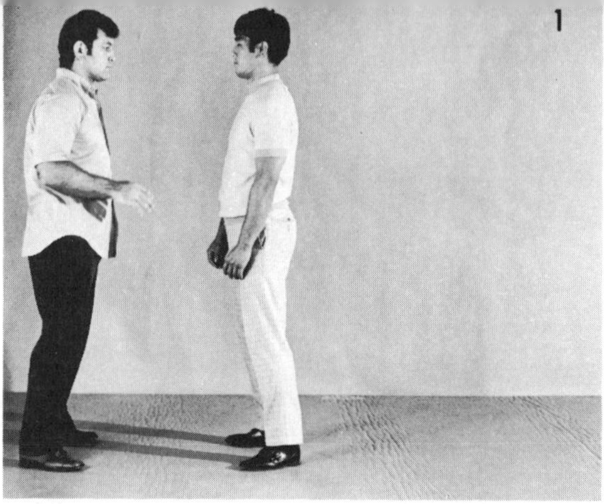

SASAE-TSURI-KOMI-ASHI

(Hebezug-Fußfeger)

Beim Zuschlagen des Angreifers

Wenn der Angreifer einen Schlag oder Stoß ausführen will (1), etwas nach rechts wegdrehen und das linke Bein anspannen. Dabei gleichzeitig mit der entsprechenden Hand den Schlag-

3

arm des Angreifers fassen und mit der anderen Hand zu dessen Hinterkopf greifen (2). Wenn sich das Wurfbein in der richtigen Stellung befindet, den vorderen Arm des Angreifers nach vorn und unten ziehen und den Kopf des Angreifers in die gleiche Richtung drücken (3), wodurch der Angreifer in die Luft geworfen wird (4). Seinen Arm weiter festhalten und einen Armhebel anwenden, wenn er den Boden berührt (5).

4

5

1

2

3

O-SOTO-GARI

(Große Außensichel)

Beim Zuschlagen des Angreifers

Wenn der Angreifer mit einem rechten Haken zuschlagen will (1), mit dem entsprechenden Bein nach vorn treten (in diesem Fall mit dem linken) und den Schlag nach außen abblocken. Dabei gleichzeitig mit der rechten Hand zum Hinterkopf des Angreifers fassen (2). Den Schlagarm des Angreifers mit dem abblockenden Arm greifen und den vorderen Fuß fest auf den Boden setzen (3). Dann den Arm des Angreifers nach unten und seinen Kopf nach vorn ziehen, dabei mit dem hinteren Bein nach vorn übertreten und das vordere Bein des Angreifers einhaken (4). Nach vorn stoßen und so den Angreifer nach hinten drücken, wobei sein Arm angezogen wird (5). Wenn der Angreifer fällt, seinen Hinterkopf loslassen (6) und schließlich mit beiden Händen einen Armhebel ansetzen (7).

Über den Autor

Als ein Mitglied der Black Belt Hall of Fame zählt Hayward Nishioka nicht nur zu den besten Judokas Amerikas, sondern besitzt auch in Karate den Schwarzgurt. Er wurde 1942 in Los Angeles als Sohn amerikanisch-japanischer Eltern geboren. Im Alter von zwölf Jahren begann seine außergewöhnliche Karriere in den Kampfsportarten. Sein Vater, der selbst in Judo Schwarzgurtträger ist, steckte ihn in einen improvisierten, aus einer alten Armeejacke gearbeiteten Judo-Anzug, und begann gleich ein hartes Training auf einem Hartholzboden.

Seit diesem ersten Training erklomm Hayward Nishioka in den Kampfsportarten rasch die Stufenleiter nach oben und kann heute auf eine lange Liste von Erfolgen und Auszeichnungen zurückblikken. Er war viermal Mitglied der amerikanischen Judo-Nationalmannschaft, errang 1965 den Titel eines U.S. National Grand Judo Champion und wurde dreimal amerikanischer Meister. Außerdem gewann er bei den panamerikanischen Spielen eine Goldmedaille und belegte bei der Judo-Weltmeisterschaft 1967 einen vierten Platz. Als Karateka lernte er bei dem international bekannten Shotokan-Stilisten Tsutomu Ohshima und errang 1965 die Nisei Week Karate-Meisterschaft.

Nach Abschluß der Los Angeles Roosevelt High School im Jahre 1960 arbeitete Hayward Nishioka in einem Lebensmittelmarkt, um zur Vertiefung seiner Kenntnisse in Judo und Karate Geld für eine Reise nach Japan zu verdienen. Er kam dort 1961 an und trainierte zwölf Monate an der Tenri Universität in Nara bei Yasuichi Matsumoto, dem ersten alljapanischen Judo-Meister, der gleichzeitig zu den geachtetsten Lehrern dieser Sportart zählt. Von Nara ging er nach Tokio, wo er am Kokodan, dem legendären Zentrum des japanischen Judo, trainierte. Zur gleichen Zeit war er Schüler des Shotokan Karate-Meisters Shigeru Egami.

Nach seiner Rückkehr in die USA erwarb Hayward Nishioka am Los Angeles City College den amerikanischen Grad eines Associate in Arts und am California State College in Los Angeles den eines Bachelors in Arts in Sport.

Aus den beträchtlichen Kenntnissen schöpfend, die er sich hinsichtlich aller Aspekte der Kampfsportarten erworben hat, schrieb Hayward Nishioka eine ganze Reihe von Beiträgen zu diesem Thema. Viele davon wurden im Black Belt Magazine und im Karate Illustrated veröffentlicht. Er leitete auch viele Gesprächsrunden, Lehrgänge und Trainingssitzungen und arbeitet gegenwärtig an einem Judo-Lehrplan für Collegs und Universitäten.

UNSER TIP

Bo-Karate
Hanbo-Jitsu
Die Techniken des Stockkampfes
(0447) Von Georg Stiebler, 176 S., 424 s/w-Fotos, 38 Zeichnungen, kartoniert.
DM 16,80, S 139,–, SFr 16,80

Nakayamas Karate perfekt 1
Einführung
(0487) Von Masatoshi Nakayama, 136 S., 605 s/w-Fotos, kartoniert.
DM 19,80, S 159,–, SFr 19,80

Karate Kata 1
Heian 1-5, Tekki 1, Bassai-Dai
(0683) Von Wolf-Dieter Wichmann, 164 S., 703 s/w-Fotos, kartoniert.
DM 19,80, S 159,–, SFr 19,80

Ju-Jutsu 3
Spezial-, Gegen- und Weiterführungstechniken
(0485) Von Werner Heim und Franz-Josef Gresch, 200 S., über 600 s/w-Fotos, kartoniert.
DM 19,80, S 159,–, SFr 19,80

Kung-Fu und Tai-Chi
Grundlagen und Bewegungsabläufe · Körperschule
(0367) Von Bruce Tegner, 182 S., 370 s/w-Fotos, kartoniert.
DM 14,80, S 119,–, SFr 14,80

Aikido
Lehren und Techniken des harmonischen Weges
(0537) Von R. Brand, 280 S., 697 Abb., kartoniert,
DM 19,80, S 159,–, SFr 19,80

FALKEN

Der Spezialist für nützliche Bücher.

Falls durch besondere Umstände Preisänderungen notwendig werden, erfolgt Auftragserledigung zu dem bei der Lieferung gültigen Preis.

NÜTZLICHE RATGEBER

EINE AUSWAHL

Stand: Frühjahr 1993

Essen und Trinken

Unsere Kochschule
(**4526**-3) Von M. Kaltenbach, F. W. Ehlert, 308 S., 736 Farbfotos, Pappband. ●●●●

Meine feine Bürgerliche Küche
(**4411**-9) Von E. Falout, 160 S., 119 Farbfotos, Pappband. ●●●

Kochen für 1 Person
Rationell wirtschaften, abwechslungsreich und schmackhaft zubereiten. (**0586**-5) Von M. Nicolin, 104 S., 8 Farbtafeln, 23 Zeichnungen, kart. ●

Rezepte für 1 Person
(**1294**-2) Hrsg. M. Sauerborn, 64 S., 75 Farbf., kart. ●

Schnell und individuell
Die raffinierte Single-Küche
(**4266**-3) Von F. Faist, 160 S., 151 Farbfotos, Pappband. ●●●●

Für Kenner und Genießer **Lamm**
(**1090**-7) Von H. Imhof, 64 S., 50 Farbfotos, Pappband. ●

Frischer Fang aus Fluß und Meer **Fisch**
(**0964**-X) Von L. Grieser, 48 S., 52 Farbfotos, Pappband. ●●

Gaumenfreuden Tag für Tag
Pfannengerichte
(**1007**-9) Von S. Fabke, 64 S., 54 Farbfotos, Pappband. ●●

Aus eigener Küche **Gute Wurst**
(**0948**-8) Von J. Bessel, G. Quaas, 80 S., 8 Farbtafeln, kart. ●

Aus lauter Lust und Liebe **Knoblauch**
(**0867**-8) Von L. Reinirkens, 64 S., 45 Farbfotos, Pappband. ●●

Bintje, Irmgard und Sieglinde
Kartoffeln
(**1032**-X) Von S. Fabke, 64 S., 43 Farb- und 1 s/w-Foto, Pappband. ●

Kartoffelgerichte
(**1297**-7) Hrsg. I. Feldhaus, 64 S., 64 Farbf., kart. ●

Nudelgerichte
(**1293**-4) Hrsg. E. Fuhrmann, 64 S., 66 Farbf., kart. ●

Pasta in Höchstform **Nudeln**
(**0884**-8) Von M. Kirsch, 64 S., 62 Farbfotos, Pappband. ●●

Reis
Basmati, Patna und Arborio
(**1209**-8) Von K. Iden, 64 S., ca. 50 Farbfotos, Pappband. ●●

Kräftig klar und cremig zart **Feine Suppen**
(**1031**-1) Von H. Imhof, 64 S., 48 Farbfotos, Pappband. ●

Herzhaftes für Leib und Seele **Eintöpfe**
(**0820**-1) Von P. Klein, 48 S., 30 Farbfotos, Pappband. ●●

Spezialitäten unter knuspriger Decke
Aufläufe
(**0882**-1) Von C. Adam, 48 S., 33 Farbfotos, Pappband. ●●

Aufläufe
(**1295**-0) Hrsg. E. Fuhrmann, 64 S., 62 Farbf., kart. ●

In Hülle und Fülle **Pasteten und Terrinen**
(**0883**-X) Von M. Kirsch, 48 S., 62 Farbfotos, Pappband. ●●

Die Krönung der feinen Küche **Saucen**
(**0817**-1) Von G. Cavestri, 48 S., 40 Farbfotos, Pappband. ●●

Schlank und köstlich **Spargel**
(**1005**-2) Von M. Kirsch, 64 S., 44 Farbfotos, Pappband. ●

Von Aubergine bis Zucchini **Gemüse**
(**1061**-3) Von H. Cohrs, 64 S., 39 Farbfotos, Pappband. ●

Statt Breakfast und Lunch **Brunch**
(**1033**-8) Von C. Adam, 64 S., 49 Farbfotos, Pappband. ●

Genießen unter freiem Himmel
Picknick
(**1208**-X) Von A. Ilies, 64 S., ca. 50 Farbfotos, Pappband. ●●

Die schönsten Rezepte für
Frühstück und Brunch
(**1063**-X) Von K. Kruse-Schorling, 80 S., 8 Farbtafeln, kart. ●

Schnelle Küche
Für 2 Personen
(**4718**-5) freundin-Kochstudio, 80 S., 105 Farbf., Pappband. ●●

Zaubern mit der schnellen Welle
Die neue Mikrowellenküche
(**4289**-2) Von F. Faist, 208 S., 188 Farbfotos, Pappband. ●●●●

Schnell auf den Tisch gezaubert
Kochen mit Mikrowellen
(**0818**-X) Von A. Danner, 64 S., 52 Farbfotos, Pappband. ●

Das neue Fritieren
geruchlos, schmackhaft und gesund.
(**0365**-X) Von P. Kühne, 88 S., 8 Farbtafeln, kartoniert. ●

Italienische Vorspeisen **Antipasti**
(**1006**-0) Von S. Reiter-Westphal, 64 S., 47 Farbfotos, Pappband. ●●

Italienische Küche
(**1299**-3) Hrsg. E. Fuhrmann, 64 S., 65 Farbf., kart. ●

Schlemmerreise durch die
Italienische Küche
(**4172**-1) Von V. Pifferi, 160 S., 109 Farbfotos, Pappband. ●●●●

Spaghetti, Tagliatelle + Co.
Pasta all'Italiana
(**1004**-4) Von I. Seyric, 64 S., 57 Farbfotos, Pappband. ●●

Schlemmerreise durch die
Französische Küche
(**4296**-5) Von H. Imhof, 160 S., 147 Farbfotos, 3 s/w-Fotos, Pappband. ●●●●

Schlemmerreise durch die
Spanische Küche
(**4500**-X) Von A. Puente, 160 S., ca. 120 Farbfotos, Pappband. ●●●●

Schlemmerreise durch die
Thailändische Küche
(**4722**-3) Von C. Zingerling, 144 S., 164 Farbf., Pappband. ●●●●

Köstlich fernöstlich
Asiatische Spezialitäten
(**1286**-1) Von M. Carroll, E. Mognol, 64 S., 49 Farbf., Pappband. ●●

Chinesische Küche
(**1289**-6) Hrsg. M. Sauerborn, 64 S., 73 Farbf., kart. ●

Schlemmerreise durch die
Chinesische Küche
(**4184**-5) Von K. H. Jen, 160 S., 117 Farbfotos, Pappband. ●●●

Verheißungsvoll fernöstlich
Spezialitäten aus dem Wok
(**0933**-X) Von K. H. Jen, 64 S., 56 Farbfotos, Pappband. ●●

Gerichte aus dem
Wok
(**1291**-8) Hrsg. M. Sauerborn, 64 S., 76 Farbf., kart. ●

Mit Lust und Liebe **Chinesisch Kochen**
(**4441**-0) Von Ho Fu-Lung, Uli Franz, 176 S., 189 Farbfotos, 29 Zeichnungen, Pappband. ●●●●

Köstliches von Rost und Spieß **Grillen**
(**0931**-3) Von A. Kalcher-Dähn, H. K. Kalcher, 64 S., 43 Farbfotos, Pappband. ●●

Braten auf dem heißen Stein
(**1300**-0) Hrsg. R. Donhauser, 64 S., 56 Farbf., kart. ●

Rezepte rund um Raclette und Doppeldecker
(**0420**-6) Von J.W. Hochscheid, 72 S., 8 Farbtafeln, kart. ●

Schlemmen in geselliger Runde
Fleischfondues
(**0966**-6) Von M. Spötter, 64 S., 62 Farbfotos, Pappband. ●●

Fondues und Raclettes
(**4253**-1) Von F. Faist, 160 S., 125 Farbfotos, Pappband. ●●●●

Fondues
(**1298**-5) Hrsg. E. Meyer zu Stieghorst, 64 S., 69 Farbf., kart. ●

Rezepte fürs Raclette
(**1290**-X) Hrsg. S. Kieslich, 64 S., 59 Farbf., kart. ●

Schmelzendes Käsevergnügen **Raclette**
(**0881**-3) Von F. Faist, 48 S., 33 Farbfotos, Pappband. ●

Das köstliche knackige Schlemmervergnügen **Salate**
(**4165**-9) Von V. Müller, 160 S., 80 Farbfotos, Pappband. ●●●●

Die hier vorgestellten Bücher, Videokassetten und Software sind in folgende Preisgruppen unterteilt:

● Preisgruppe bis DM 10,–/S 79,–
●● Preisgruppe über DM 10,– bis DM 20,– S 80,– bis S 160,–
●●● Preisgruppe über DM 20,– bis DM 30,– S 161,– bis S 240,–
●●●●● Preisgruppe über DM 50,–/S 401,–
●●●● Preisgruppe über DM 30,– bis DM 50,– S 241,– bis S 400,–
* (unverbindliche Preisempfehlung)

Die Preise entsprechen dem Status beim Druck dieses Verzeichnisses (s. Seite 1) – Änderungen, im besonderen der Preise, vorbehalten –

Falken-Verlag GmbH · Postfach 1120 FALKEN D-6272 Niedernhausen/Ts. · Tel.: 0 61 27 / 70 20

Gartenfrisch genießen
Feine Salate
(**4450**-X) Von P. Nikolay, 160 S., 122 Farbfotos, Pappband. ●●●●

Köstliche Salate
zum Verwöhnen
(**0222**-X) Von Chr. Schönherr, 96 S., 8 Farbtafeln, 30 Zeichnungen, kartoniert. ●

Frisch und leicht als Hauptgericht
Schlemmersalate
(**0934**-8) Von C. Adam, 64 S., 49 Farbfotos, Pappband. ●●

Köstlich frisch auf den Tisch
Rohkostsalate
(**0865**-1) Von C. Adam, 48 S., 26 Farbfotos, Pappband. ●●

Gesund und vielseitig **Alles mit Joghurt**
täglich selbstgemacht, mit vielen Rezepten
(**0382**-6) Von G. Volz, 64 S., 8 Farbtafeln, kartoniert. ●

Locker, flockig, leicht…
Müsli & Co
(**0965**-8) Von C. Adam, 64 S., 42 Farbfotos, Pappband. ●

Bärenstark und kerngesund
Vollwertkost für Kinder
(**0968**-2) Von S. Reiter, 64 S., 44 Farbfotos, Pappband. ●

Gesunde Ernährung für mein Kind
(**0776**-6) Von M. Bustorf-Hirsch, 112 S., 8 Farbtafeln, 5 s/w-Zeichnungen, kart. ●

Eßschule
Gesunde Ernährung für Kinder im Grundschulalter
(**1314**-0) Von A. Roßmeier, 80 S., 44 Farbf., 50 fbg. Vignetten, Pappband. ●●

Das Getreidemühlenkochbuch
(**1017**-6) Von M. Bustorf-Hirsch, 112 S., 8 Farbtafeln, kartoniert. ●

Meine Vollkornküche
Herzhaftes von echtem Schrot und Korn
(**0858**-9) Von S. Walz, 96 S., 8 Farbtafeln, kartoniert. ●

Die gesunde Art, sich zu verwöhnen
Vollwertküche für Singles
(**0937**-2) Von A. Görgens, 64 S., 43 Farbfotos, Pappband. ●

Mit Lust und Liebe…
Vollwertküche für Genießer
(**4412**-4) Von Prof. Dr. C. Leitzmann, H. Million, 256 S., 329 Farbfotos, Pappband. ●●●●

Vegetarisch kochen und genießen
Alle Gerichte für 2 Personen
(**4715**-0) Von Prof. Dr. C. Leitzmann, K. Dittrich, C. u. G. Kurz, 128 S., 132 Farbf., Pappband. ●●●●

Das große FALKEN
Vitaminkochbuch
für Genießer
(**4714**-2) Von Prof. Dr. troph. M. Hamm, A. Roßmeier, ca. 208 S., zahlr. Farbabb., Pappband. ●●●●

Die feine Vegetarische Küche
(**4235**-3) Von F. Faist, 160 S., 191 Farbfotos, Pappband. ●●●●

Schmackhafte Vollwertkost ohne tierisches Eiweiß
(**0993**-3) Von M. Bustorf-Hirsch, 96 S., 54 Farbfotos, kartoniert. ●●

Cholesterinarm kochen und genießen
(**4442**-9) Von R. Unsorg, 168 S., 132 Farbfotos, kartoniert. ●●●●

Die aktuelle **Cholesterintabelle**
(**1088**-5) Von Dr. H. Oberritter, 84 S., 12 zweifarbige Grafiken, kartoniert. ●

Die aktuelle Vitamin- und Mineralstofftabelle
Mit Angaben zu den wichtigsten Vitaminen und Mineralstoffen
(**1110**-5) Von Dr. H. Oberritter, 88 S., 1 zweifarbige Grafik, kart. ●

Die aktuelle E-Zusatzstoff-Tabelle
Über 750 Angaben zu Herkunft, Verwendung und möglichen Nebenwirkungen
(**1233**-0) Von T. Pilgram, E.Dahl, 80 S., zweifarbig, kart. ●

Vollwertküche für Diabetiker
Köstlich kochen und backen für die ganze Familie
(**4473**-9) Von Prof. Dr. C. Leitzmann, Prof. Dr. H. Laube, H. Million, 168 S., 172 Farbfotos, 8 Zeichnungen, Pappband. ●●●●

Kochen und backen für Diabetiker
Gesund und schmackhaft für die ganze Familie
(**4467**-4) Von Dr. med. M. Toeller, W. Schumacher, A. Groote, Dr. troph. A. Klischan, 176 S., 182 Farbfotos, Pappband. ●●●●

Würzig kochen ohne Salz
(**0922**-4) Von S. Roediger-Streubel, 160 S., 16 Farbtafeln, kart. ●●

Die Sojaküche
Gesund und abwechslungsreich essen
(**0553**-9) Von U. Kolster, 80 S., 8 Farbtafeln, kart. ●

Gesund kochen mit Keimen und Sprossen
(**0794**-9) Von M. Bustorf-Hirsch, 96 S., 4 Farbtafeln, 13 s/w-Zeichnungen, kart. ●

Keime und Sprossen in der Naturküche
(**4299**-X) Von M. Bustorf-Hirsch, 96 S., 144 Farbfotos, Pappband. ●●●

Waffeln
Hörnchen, Pfannkuchen und Crèpes.
(**0522**-9) Von C. Stephan, 64 S., 8 Farbtafeln, kart. ●

Waffeln
(**1296**-9) Hrsg. L. Steiger, 64 S., 73 Farbf., kart. ●

Mehr Freude und Erfolg beim
Brotbacken
(**4148**-9) Von A. und G. Eckert, 160 S., 177 Farbfotos, Pappband. ●●●●

Meine Vollkornbackstube
Brot · Kuchen · Aufläufe. (**0616**-0) Von R. Raffelt, 96 S., 4 Farbtafeln, 12 Zeichnungen, kartoniert. ●

Meine Weihnachtsbackstube
(**5163**-8) Von M. Sauerborn, 32 S., 23 Farbfotos, mit Vorlagebogen in Originalgröße, kart. ●

Mit Honig, Nuß und Mandelkern
Weihnachtsplätzchen
(**1287**-X) Von H. Jaacks, 64 S., 48 Farbf., Pappband. ●●

Backen ohne Zucker
(**1234**-9) Von H. Erkelenz, 80 S., 8 Farbtafeln, kart. ●

Süße Verführungen **Desserts**
(**0885**-6) Von M. Bacher, 64 S., 75 Farbfotos, Pappband. ●

Süße Geheimnisse eiskalt gelüftet
Eis und Sorbets
(**0870**-8) Von H. W. Liebheit, 48 S., 38 Farbfotos, Pappband. ●●

Raffiniertes mit
Eis
Drinks/Desserts/Eissorten
(**1029**-X) Von F. Hoffmann, 64 S., 74 Farbfotos, Pappband. ●●

Haltbarmachen in der Öko-Küche
Gesunde Konservierungsmethoden für Obst, Gemüse, Kräuter und Pilze. (**0923**-2) Von M. Bustorf-Hirsch, 120 S., 92 Farbabb., kart. ●●

Komm, koch und back mit mir
Kunterbuntes Kochvergnügen für Kinder.
(**4285**-X) Von S. und H. Theilig, illustriert von B. v. Hayek, 112 S., 45 Farbabb., Pappband. ●●

Lieblingsgerichte für Kinder
Kerngesund und kunterbunt
(**4497**-6) Von G. Righi-Spanfellner, 112 S., 27 Farbzeichnungen, Pappband. ●●●

Lirum, larum, Löffelstiel…
Kinder kochen mit Knuddel
(**1094**-X) Von U. Bültjer, 80 S., 27 zweifarbige Zeichnungen, kart. ●

Backe, backe Kuchen…
Kinder backen mit Knuddel
(**1301**-9) Von U. Bültjer, 64 S., 34 Farbf., 60 Farbzeichn., kart. ●

Mit Lust und Liebe
Garnieren und Verzieren
Dekoratives zu vielen Anlässen
(**4496**-8) Von M. Müller, E. Pratsch, H. Krieg, 160 S., ca. 100 Farbfotos, Pappband. ●●●●

Mit Lust und Liebe **Kalte Platten & Buffets**
Anrichten und Garnieren
(**4427**-5) Von P. Grotz, 176 S., 228 Farbfotos, Pappband. ●●●●

Garnieren und Verzieren
(**4236**-1) Von R. Biller, 160 S., 329 Farbfotos, 57 Zeichnungen, Pappband. ●●●●

Köstlichkeiten für Gäste und Feste
Kalte Platten
(**4200**-0) Von I. Pfliegner, 160 S., 130 Farbfotos, Pappband. ●●●●

Wenn Gäste kommen…
Kalte Küche
(**1060**-5) Von A. Ilies, 64 S., 49 Farbfotos, Pappband. ●

Raffiniert und vielseitig
Toasts und Sandwiches
(**1109**-1) Von R. und T. Donhauser, 64 S., 52 Farbfotos, Pappband. ●

Fein und raffiniert
Canapés und kleine Köstlichkeiten
(**0963**-1) Von H. Imhof, 64 S., 53 Farbfotos, Pappband. ●

Festlich kochen und Backen
für Advent und Weihnachten
(**4443**-7) Von A. Guter, 96 S., 66 Farbfotos, 1 s/w-Foto, Pappband. ●●●

Der perfekt gedeckte Tisch
(**1028**-1) Von H. Tapper, 80 S., 161 Farbfotos, 13 Zeichnungen, kartoniert. ●●

Der schön gedeckte Tisch
Vom einfachen Gedeck bis zur Festtafel stimmungsvoll und perfekt arrangiert.
(**4246**-1) Von H. Tapper, 112 S., 206 Farbfotos, 21 s/w-Abbildungen, Pappband. ●●●

Servietten falten
80 Ideen für schön gedeckte Tische
(**1042**-7) Von M. Müller, O. Mikolasek, 80 S., 289 Farbfotos, 50 Zeichnungen, kart. ●●

Phantasievolle Tischdekorationen selber machen
(**0984**-4) Von Y. Thalheim, H. Nadolny, 80 S., 174 Farbfotos, 21 Zeichnungen, kart. ●●

Servietten dekorativ falten
Geschmackvolle Anregungen aus Stoff und Papier. (**0804**-X) Von H. Tapper, 32 S., 134 Farbfotos, Pappband. ●

Tee für Genießer
Sorten · Riten · Rezepte
(**0356**-0) Von M. Nicolin, 64 S., 4 Farbtafeln, kart. ●

Weine und Säfte, Liköre und Sekt
selbstgemacht.
(**0702**-7) Von P. Arauner, 232 S., 76 Abb., kart. ●●

FALKEN Mixbuch
(**4733**-9) Hrsg. P. Bohrmann, ca. 560 S., zahlr. Farbabb., Pappband. ●●●

Cocktails und Drinks
(**1292**-6) Hrsg. S. Kieslich, 64 S., 70 Farbf., kart. ●

Fruchtig, spritzig, eisgekühlt
Mixen ohne Alkohol
(**0935**-6) Von S. Späth, 64 S., 44 Farbfotos, Pappband. ●●

Mit und ohne Alkohol
Longdrinks
(**1062**-1) Von S. Edelberg, 64 S., 47 Farbfotos, Pappband. ●●

Light Drinks
Mixen mit und ohne Alkohol
(**1222**-5) Von S. Edelberg, Heike Reith, 64 S., 48 Farbfotos, Pappband. ●●

Cocktails
(**4267**-1) Von W. R. Hoffmann, W. Hubert, U. Lottring, 160 S., 164 Farbfotos, 1 s/w-Foto, Pappband. ●●●●

Cocktails und Mixereien
für häusliche Feste und Feiern. (**0075**-8) Von J. Walker, 96 S., 4 Farbtafeln, kart. ●

Die besten Punsche, Grogs und Bowlen
(**0575**-X) Von F. Dingden, 64 S., 4 Farbt., kart. ●

Schlank werden nach Dr. Hay **Trennkost**
Die bewährten Vollwert-Rezepte von Ursula Summ. (**4298**-1) Von U. Summ, 96 S., 54 Farbfotos, 1 Zeichnung, kart. ●●

Das große Buch der Trennkost
Neue Rezepte von Ursula Summ
(**4498**-4) Von U. Summ, 144 S., ca. 100 Farbfotos, Pappband. ●●●

Gesund leben nach Dr. Hay
Cholesterinarme Trennkost
Neue Vollwert-Rezepte von Ursula Summ
(**4475**-5) Von U. Summ, 96 S., 52 Farbfotos, kart. ●●

Eßlust statt Diätfrust
Die Pfundskur
(**1102**-4) Von Prof. Dr. V. Pudel, 144 S., 8 s/w-Zeichnungen, 4 Vignetten, kart. ●

Schlank nach Maß
mit der Diät-Computerwaage
(**1064**-8) Von K. Alisch, 104 S., 8 Farbtafeln, kart. ●

Gesundes Essen für Berufstätige
Die 4-Wochen-Vollwertkur (**1065**-6) Von M. Weber, ca. 80 S., 8 Farbtafeln, kart. ●

Hobby und Freizeit

Falken-Handbuch
Zeichnen und Malen
(**4167**-5) Von B. Bagnall, 336 S., 1154 Farbabb., Pappband. ●●●●●

Punkt, Punkt, Komma, Strich
Zeichnen leicht gemacht
(**4721**-5) Von H. Witzig, 144 S., 512 s/w-Zeichnungen, Pappband. ●●

Punkt, Punkt, Komma, Strich
Zeichenstunde für Kinder
(**0564**-4) Von H. Witzig, 144 S., über 250 Zeichnungen, kart. ●

Einmal grad und einmal krumm
Zeichenstunde für Kinder
(**0599**-7) Von H. Witzig, 144 S., 363 Abb., kartoniert. ●

Figürliches Zeichnen
leicht gemacht
(**1010**-9) Von H. Witzig, 112 S., 462 Figuren, kartoniert. ●

Airbrush
Kreatives Gestalten mit dem Luftpinsel
(**1133**-4) Von C. M. Mette, 80 S., 145 Farbfotos, 40 Farbzeichnungen, kartoniert. ●●

Kalligraphie
Die Kunst des schönen Schreibens
(**4263**-9) Von C. Hartmann, 120 S., 44 Farbvorlagen, 29 s/w-Vorlagen, 2 s/w-Zeichnungen, 38 Farbfotos, Pappband. ●●●●

Gestalten mit Schrift
Kalligraphie
(**1044**-3) Von I. Schade, 80 S., 2 Farb- und 1 s/w-Foto, 143 Farbzeichnungen, kart. ●●

Aquarellmalerei leicht gelernt
Materialien · Techniken · Motive
(**0787**-6) Von T. Hinz, R. Braun, B. Zeidler, 32 S., 38 Farbfotos, 1 Zeichn., Pappband. ●

Hobby Aquarellmalen
Landschaft und Stilleben
(**0876**-7) Von I. Schade, A. Brück, 80 S., 111 Farbabb., kart. ●●

Hobby Ölmalerei
Landschaft und Stilleben
(**0875**-9) Von H. Kämper, I. Becker, 80 S., 93 Farbabb., kart. ●●

Seidenmalerei in Vollendung
(**4414**-3) Hrsg. von R. Smend, 160 S., 227 Farbfotos, 36 s/w-Fotos, geprägter Leineneinband mit Schutzumschlag, im Schuber. ●●●●●

Seidenmalerei und Modedesign
Modelle · Techniken · Schnittmuster
(**4476**-3) Von B. Hansen, 176 S., 140 Farbfotos, 93 Farb-, 68 s/w-Zeichnungen, Pappband. ●●●●

Seidenmalerei Exklusive Tücher
(**1303**-5) Von E. Schwinge, 80 S., 79 Farbfotos, 6 Zeichnungen, kart. ●●

Kreative Seidenmalerei
Motive · Muster · Farbenspiel
(**4720**-7) Von M. Neubacher-Fesser, ca. 136 S., zahlr. Farbabbildungen, Pappband. ●●●●

Seidenmalerei als Kunst und Hobby
(**4264**-7) Von S. Hahn, 136 S., Farbabb., 1 s/w-Foto, Pappband. ●●●●

Neue zauberhafte Seidenmalerei
Motive und Anregungen aus der Natur
(**0924**-0) Von R. Henge, 80 S., 148 Farbfotos, 27 s/w-Zeichnungen, kart. ●●

Krawatten, Tücher und Fliegen individuell gestalten
Seidenmalerei
(**1242**-X) Von A. Reichmann, 64 S., durchgehend vierfarbig, kart. ●●

Kunstvolle Seidenmalerei
Mit zauberhaften Ideen zum Nachgestalten
(**0783**-3) Von I. Demharter, 32 S., 56 Farbfotos, Pappband. ●

Aquarellieren auf Seide
Materialien · Techniken · Motive
(**0917**-8) Von I. Demharter, 32 S., 41 Farbfotos, Pappband. ●

Airbrush auf Seide
(**1342**-6) Von I. Demharter, 64 S., zahlreiche Farbabbildungen, kart. ●●

Seidenmalerei Bäume und Blätter
(**5249**-9) Von D. Kosik, 32 S., 5 Farbfotos, 23 Farb- u. 13 s/w-Zeichnungen, kart. ●

Seidenmalerei Landschaften
(**5153**-0) Von D. Kosik, 32 S., 50 Farbfotos, 12 Zeichnungen, mit Vorlagebogen in Originalgröße, kart. ●

Seidenmalerei Kissen
(**5151**-4) Von I. Demharter, 32 S., 42 Farbfotos, 2 Zeichnungen, mit Vorlagebogen in Originalgröße, kart. ●

Seidenmalerei Blusen und T-Shirts
(**5184**-0) Von A. Keller, 32 S., 28 Farbfotos, 12 Zeichnungen, mit Vorlagebogen in Originalgröße, kartoniert. ●

Seidenmalerei Tücher und Schals
(**5152**-2) Von R. Henge, 32 S., 36 Farbfotos, 1 Zeichnung, mit Vorlagebogen in Originalgröße, kart. ●

Seidenmalerei Tiermotive
(**5204**-9) Von A. Keller, 32 S., 37 Farbfotos, mit Vorlagebogen in Originalgröße, kart. ●

Serti Designo
Seidenmalerei mit Kreidestiften
(**5208**-1) Von S. Tichy-Gibley, 32 S., 46 Farbfotos, mit Vorlagebogen in Originalgröße, kart. ●

Seidenmalerei Lampenschirme
(**5154**-9) Von I. Walter-Ammon, 32 S., 47 Farbfotos, 1 Zeichnung, mit Vorlagebogen in Originalgröße, kart. ●

Seidenmalerei Blüten, Blätter, Ranken
(**5165**-4) Von D. Kosik, 32 S., 35 Farbfotos, 4 Zeichnungen, mit Vorlagebogen in Originalgröße, kart. ●

Seidenmalerei Schmuckkarten und Miniaturbilder
(**5166**-2) Von I. Walter-Ammon, 32 S., 37 Farbfotos, 2 Zeichnungen, mit Vorlagebogen in Originalgröße, kart. ●

Akzente mit Perlen, Pailetten und Straß
Seidenmalerei
(**5248**-0) Von A. Keller, 32 S., ca. 50 Farbfotos, mit Vorlagebogen in Originalgröße, kart. ●

Seidenmalerei Bilder in Konturentechnik
(**5182**-4) Von I. Demharter, 32 S., 28 Farbfotos, 2 Zeichnungen, mit Vorlagebogen in Originalgröße, kart. ●

Seidenmalerei Applikationen
(**5224**-3) Von J. Bressau, 32 S., 50 Farbfotos, mit Vorlagebogen in Originalgröße, kart. ●

Moderne Stoffmalerei
(**1358**-2) Von H. Sander, ca. 64 S., zahlr. Farbabbildungen, kart. ●●

Perfekt Stricken
Mit Sonderteil Häkeln.
(**4250**-7) Von H. Jaacks, 256 S., 703 Farbfotos, 169 Farb- und 121 s/w-Zeichnungen, Pappband. ●●●●

Das moderne Standardwerk
Nähen
(**4709**-6) Von S. von Rudzinski, 176 S., vierfarbig, Pappband. ●●●●

Marionetten
selbst bauen und führen
(**1043**-5) Von D. Köhnen, 80 S., 150 Farbfotos, mit Schnittmusterbogen, kartoniert. ●●

Fingerpuppen
Bastelspaß mit Kindern ab 5 Jahren
(**5239**-1) Von B. Höfler, P. Simm, 32 S., ca. 50 Farbabb., mit Vorlagebogen in Originalgröße, kart. ●

Hampelmänner
Basteln mit Kindern ab 5 Jahren
(**5240**-5) Von F. Michalski, 32 S., ca. 50 Farbabb., mit Vorlagebogen in Originalgröße, kart. ●

Künstlerpuppen
im 20. Jahrhundert
(**4719**-3) Hrsg. R. Höckh, 160 S., 192 Farbfotos, 26 s/w-Fotos, Pappband. ●●●●●

Charakterpuppen
aus Cernit und Porzellan selbst gestalten
(**1156**-3) Von S. Becker, 64 S., 143 Farbfotos, 30 Zeichnungen, 13 Vignetten, mit Schnittmusterbogen, kartoniert. ●●

Puppen zum Liebhaben
(**5199**-9) Von B. Wehrle, 32 S., 27 Farbfotos, 9 s/w-Zeichnungen, mit Vorlagebogen in Originalgröße, kartoniert. ●

Teddybären
Sechs beliebte Modelle
(**5159**-X) Von Y. Thalheim, H. Nadolny, 32 S., 46 Farbfotos, 9 Zeichnungen, mit Vorlagebogen in Originalgröße, kart. ●

Neue zauberhafte Salzteig-Ideen
(**0719**-1) Von I. Kiskalt, 80 S., 324 Farbfotos, 12 Zeichnungen, Schablonen, kart. ●●

Salzteig kinderleicht
(**0973**-9) Von I. Kiskalt, 80 S., 224 Farbfotos, 8 Zeichnungen, kart. ●●

Kreatives gestalten mit Ton
Töpfern ohne Scheibe – Aufbaukeramik
(**0896**-1) Von A. Riedinger, 80 S., 207 Farbfotos, 16 Zeichnungen, 7 Vignetten, kart. ●●

Kreatives Gestalten mit Ton
Töpfern auf der Scheibe
(**0971**-2) Von A. Riedinger, 80 S., 28 Farb- und 3 s/w-Zeichnungen, 178 Farbfotos, kartoniert. ●●

Hobby Glaskunst in Tiffany-Technik
(**0781**-7) Von N. Köppel, 80 S., 194 Farbfotos, 6 s/w-Abb., kart. ●●

Tiffany-Lampen selbermachen
Arbeitsanleitung · Materialien · Modelle
(**0684**-5) Von I. Spliethoff, 32 S., 60 Farbfotos, 19 Zeichnungen, Pappband. ●

Fensterbilder in Tiffany-Technik
(**5168**-9) Von P. Matz, 32 S., 43 Farbfotos, mit Vorlagebogen in Originalgröße, kart. ●

Tiffany-Technik
und andere kunstvolle Arbeiten in Glas
(**0972**-0) Von D. Köhnen, 80 S., 176 Farbfotos, 5 s/w-Zeichnungen, kart. ●●

Modeschmuck selbst modellieren
(**5196**-4) Von K. Eichler, 32 S., 51 Farbfotos, mit Vorlagebogen in Originalgröße, kartoniert. ●

Effekt-Color
Phantasievolle Schmuck- und Deko-Ideen
(**5207**-3) Von A. Hahn, 32 S., 55 Farbfotos, mit Vorlagebogen in Originalgröße, kart. ●

Rocailles
Perlenschmuck
(**5209**-X) Von L. und E. Weiler, 32 S., 45 Farbfotos, 2 Zeichnungen, mit Vorlagebogen in Originalgröße, kart. ●

Perlenschmuck
(**5221**-9) Von H. Büderer, 32 S., 50 Farbfotos, mit Vorlagebogen in Originalgröße, kartoniert. ●

Masken
phantasievoll dekorieren
(**5155**-7) Von Chr. Familler, 32 S., 48 Farbfotos, mit Vorlagebogen in Originalgröße, kart. ●

Laubsägearbeiten für das Kinderzimmer
(**5245**-6) Von H.-P. Krafft, 32 S., ca. 50 Farbfotos, mit Vorlagebogen in Originalgröße, kart. ●

Schwingtiere aus Holz gestalten
(**5222**-7) Von der Arbeitsgem. Werken, 32 S., 50 Farbfotos, mit Vorlagebogen in Originalgröße, kartoniert. ●

Drachen
bauen und steigen lassen. (**0767**-1) Von W. Schimmelpfennig, 80 S., 1 dreiseitige Ausklapptafel, 55 Farbfotos, 139 Zeichnungen, kart. ●●●

Lenkdrachen
bauen und fliegen
(**1011**-7) Von W. Schimmelpfennig, 64 S., 51 Farbfotos und 126 Zeichnungen, kartoniert. ●●

Drachen
Einfache Modelle für Kinder
(**5156**-5) Von W. Schimmelpfennig, 32 S., 11 Farbfotos, 31 Zeichnungen, mit Vorlagebogen, kart. ●

Das große farbige
Bastelbuch für Kinder
(**4254**-X) Von U. Barff, I. Burkhardt, J. Maier, 224 S., 157 Farbfotos, 430 Farb- und 60 s/w-Zeichnungen, mit Schnittmusterbogen, Pappband. ●●●

Origami
Tiere aus aller Welt
(**5250**-2) Von J. Maier, 32 S., 19 Farbfotos, 68 Farb- u. 16 s/w-Zeichnungen, kart. ●

Hobby Origami
Papierfalten für groß und klein
(**0756**-6) Von Z. Aytüre-Scheele, 80 S., 820 Farbfotos, kart. ●●

Neue zauberhafte Origami-Ideen
Papierfalten für groß und klein
(**0805**-8) Von Z. Aytüre-Scheele, 80 S., 720 Farbfotos, kart. ●●

Zauberwelt Origami
Tierfiguren aus Papier
(**1045**-1) Von Z. Aytüre-Scheele, 80 S., 660 Farbfotos, kartoniert. ●●

Pergamano
Pergamentpapier filigran gestalten
(**5202**-2) Von J. Allmann, 32 S., 51 Farbfotos, 5 Zeichnungen, mit Vorlagebogen in Originalgröße, kart. ●

Kreatives Gestalten mit **Papiermaché**
(**5246**-4) Von B. Jetzek-Berkenhaus, 32 S., ca. 50 Farbfotos, mit Vorlagebogen in Originalgröße, kart. ●

Marmorieren
Muster · Techniken · Gestaltungsideen
(**5247**-2) Von T. Hartel, 32 S., ca. 50 Farbfotos, mit Vorlagebogen in Originalgröße, kart. ●

Heut basteln wir mit Pappe und Papier
(**4413**-5) Von U. Barff, J. Maier, 224 S., 117 Farbfotos, 480 Farbzeichn., 25 s/w-Abb., mit Schnittmusterbogen, Pappband. ●●●

Das große farbige Bastel- und Werkbuch
(**4439**-9) Von D. Rex, 256 S., 999 Farbfotos, 33 Farbzeichnungen, Pappband. ●●●●

Mein liebstes Spiel- und Bastelbuch
Die Welt der Dinosaurier
Tiere und Landschaften zum Selbermachen Ausbrechen, aufstellen, spielen
(**4478**-X) Von B. Burkart, 8 Blatt mit herauslösbaren Motiven, 280-g-Karton mit Stanzung, 8 S. Bastelanleitung und Sachinformation. ●●

Fensterbilder in Scherenschnitt
(**5169**-7) Von A. Hahn, 32 S., 52 Farbfotos, 3 s/w-Fotos, mit Vorlagebogen in Originalgröße, kart. ●

Fensterbilder
Meine Lieblingstiere
(**5197**-2) Von Y. Thalheim, H. Nadolny, 32 S., 38 Farbfotos, mit Vorlagebogen in Originalgröße, kartoniert. ●

Fensterbilder Lustige Tiere
(**5210**-3) Von F. Michalski, 32 S., 47 Farbfotos, mit Vorlagebogen in Originalgröße, kart. ●

Fensterbilder Dinosaurier
(**5260**-X) Von C. Hüfner, 32 S., 8 Farbfotos, 47 Farbzeichnungen, Bastelbogen, kart. ●

Mit Farben und Papieren
Fenster dekorieren
(**5255**-3) Von K. Groß, 32 S., 8 Farbfotos, 59 Farbzeichnungen, kart. ●

Originelle Fensterbilder
aus Tonpapier und Tonkarton
(**1305**-1) Von D. Köhnen, 64 S., 70 Farbfotos, kart. ●●

Die schönsten Fensterbilder
(**1066**-4) Von C. Kimmerle, 64 S., 100 Farbfotos, 7 Zeichnungen, kartoniert. ●●

Das Fensterbilder-Alphabet
Basteln mit Kindern ab 5 Jahren
(**5242**-1) Von E. Bohne, 32 S., ca. 50 Farbabb., mit Vorlagebogen in Originalgröße, kart. ●

Märchenhafte Fensterbilder
(**5185**-9) Von J. Maier, 32 S., 37 Farbfotos, mit Vorlagebogen in Originalgröße, kart. ●

Fensterbilder Blumen und Tiere
(**5186**-7) Von M. Twachtmann, 32 S., 41 Farbfotos, 3 Zeichnungen, mit Vorlagebogen in Originalgröße, kartoniert. ●

Fensterschmuck
Originelle Ideen für Dekorationen und Fensterbilder
(**1241**-1) Von D. Köhnen, 64 S., ca. 70 Farbfotos, Vorlagebogen, kart. ●●

Papierflieger
(**5157**-3) Von T. Gött, 32 S., 73 Farbfotos, 19 Zeichnungen, mit Vorlagebogen in Originalgröße, kart. ●

Windspielzeug
Bastelspaß mit Kindern ab 5 Jahren
(**5241**-3) Von D. Köhnen, 32 S., ca. 50 Farbabb., mit Vorlagebogen in Originalgröße, kart. ●

Faltschnitte
(**5257**-X) Von B. Blankenburg, 32 S., 12 Farbfotos, 42 Farbzeichnungen, Vorlagebogen, kart. ●

Laternen und Lampions
(**5206**-5) Von C. Hüfner, 32 S., 60 Farbfotos, mit Vorlagebogen in Originalgröße, kart. ●

Mobiles aus Papier
(**5183**-2) Von J. Maier, 32 S., 17 Farbfotos, 35 Farbzeichnungen, mit Vorlagebogen in Originalgröße, kartoniert. ●

Tiermobiles
(**5258**-8) Von C. Hüfner, 32 S., 57 Farbzeichnungen, Vorlagebogen, kart. ●

Bastelideen für Indianerspiele
(**5252**-9) Von B. Nelich, D. Velte, 32 S., 38 Farbfotos, Vorlagebogen, kart. ●

Der große Verkleidungsspaß
Kinderkostüme
(**1304**-3) Von C. Baumgarten, 53 Farbfotos, 183 Farbzeichnungen, Vorlagebogen, kart. ●●

Schachteln basteln und dekorieren
(**5170**-0) Von Chr. Adjano, 32 S., 55 Farbfotos, mit Vorlagebogen in Originalgröße, kart. ●

Deco Art
Die Kunst, Geschenke zu verpacken
(**0949**-6) Von B. Niermann, 80 S., 78 Farbfotos, 191 Zeichnungen, kart. ●●

Geschenke wunderschön verpacken
(**1113**-X) Von P. Jansen, 80 S., 79 Farbfotos, 166 Farbzeichnungen, kart. ●●

Geschenke umweltfreundlich verpacken
(**1240**-3) Von P. Jansen, 64 S., vierfarbige Fotos und Illustrationen, kart. ●●

Geldgeschenke
für Kinder originell verpacken
(**5253**-7) Von S. Boczkowski-Sigges, 32 S., 31 Farbfotos, Vorlagebogen, kart. ●

Geldgeschenke
phantasievoll gestalten
(**5251**-0) Von P. Jansen, 32 S., 49 Farbfotos, Vorlagebogen, kart. ●

Kleine Geschenke selbst basteln
(**5259**-6) Von M. Schorege, 32 S., 13 Farbfotos, 44 Farbzeichnungen, Vorlagebogen, kart. ●

Geldgeschenke · Gutscheine · Geschenkanhänger
originell gestalten und verpacken
(**1115**-6) Von S. Haenitsch-Weiß, A. Weiß, 80 S., 176 Farbfotos, kart. ●●

Geschenke verpacken für Kinderfeste
(**5195**-6) Von C. Netolitzky, 32 S., 43 Farbfotos, mit Vorlagebogen in Originalgröße, kartoniert. ●

Originelles Ambiente für Gäste
Festdekorationen
(**1049**-4) Von B. Niermann, 80 S., 125 Farbfotos, 59 Farbzeichn., kartoniert. ●●

Dekorative Schleifen
aus Bändern und Papier
(**5205**-7) Von M. Schorege, 32 S., 28 Farbfotos, 31 Farbzeichnungen, mit Vorlagebogen in Originalgröße, kart. ●

Dekorieren und Arrangieren mit
Seidenblumen
(**5200**-6) Von M. L. Sprang, 32 S., 37 Farbfotos, 14 Farbzeichnungen, mit Vorlagebogen in Originalgröße, kartoniert. ●

Glückwunschkarten
(**5179**-4) Von A. Kolb, B. Michel, 32 S., 54 Farbfotos, mit Vorlagebogen in Originalgröße, kartoniert. ●

Schmuck- und Glückwunschkarten
Papierarchitektur · Collagen · Faltschnittkarten
(**1114**-8) Von C. Sanladerer, 64 S., 55 Farbfotos, 31 Zeichnungen, kart. ●●

Einladungs-, Tisch- und Menükarten
selbst gestalten
(**1302**-7) Von S. Haenitsch-Weiß, 80 S., zahlreiche Farbabbildungen, kart. ●●

Osterschmuck
Neue Ideen für Kränze, Sträuße, Gestecke
(**5267**-7) Von I. Gleim, ca. 32 S., zahlreiche Farbabbildungen, kart. ●

Ostereier originell dekorieren
(**5219**-7) Von W. Velte, 32 S., 44 Farbfotos, mit Vorlagebogen in Originalgröße, kartoniert. ●

Dekorationen für Ostern
(**5198**-0) Von Y. Thalheim, H. Nadolny, 32 S., 48 Farbfotos, mit Vorlagebogen in Originalgröße, kartoniert. ●

Fensterbilder für die Osterzeit
(**5244**-8) Von R. Lübke, D. Lübke, 32 S., ca. 50 Farbfotos, mit Vorlagebogen in Originalgröße, kart. ●

Basteln für Ostern
(**5164**-6) Von Chr. Adjano, 32 S., 47 Farbfotos, mit Vorlagebogen in Originalgröße, kartoniert. ●

Ostereier
Basteln mit Kindern ab 5 Jahren
(**5243**-X) Von Vera Ettelt, 32 S., mit Spielebogen, kart. ●

Tischdekorationen für Ostern
(**5220**-0) Von Chr. Adjano, 32 S., 49 Farbfotos, mit Vorlagebogen in Originalgröße, kartoniert. ●

Weihnachtsgeschenke schön verpacken
Schachteln · Dekorationen · Geschenkpapiere
(**4469**-0) Von Present Team, 10 vierfarbige Bogen 250-g-Karton mit Stanzung, 4 Bogen Geschenkpapier + 4 S. Einleitung. ●●●

Basteln und dekorieren für
Advent und Weihnachten
(**4446**-1) Von G. Teusen, C. Netolitzky, 176 S., 285 Farbfotos, mit Bastelvorlagebogen, Pappband. ●●●

Lustige Bastelideen für die
Weihnachtszeit
(**5256**-1) Von B. Löschenkohl, 32 S., 8 Farbfotos, 69 Farbzeichnungen, Vorlagebogen, kart. ●

Basteln für Weihnachten
(**5162**-X) Von Chr. Adjano, 32 S., 44 Farbfotos, mit Vorlagebogen in Originalgröße, kartoniert. ●

Fensterdekorationen für die Weihnachtszeit
(**5181**-6) Von Y. Thalheim, H. Nadolny, 32 S., 33 Farbfotos, mit Vorlagebogen in Originalgröße, kartoniert. ●

Fensterbilder für Advent und Weihnachten
(**5211**-1) Von M. Schorege, 32 S., 24 Farbfotos, 15 Zeichnungen, mit Vorlagebogen in Originalgröße, kartoniert. ●

Adventskränze und weihnachtliche Gestecke
(**5203**-0) Von Y. Thalheim, H. Nadolny, 32 S., 43 Farbfotos, mit Vorlagebogen in Originalgröße, kartoniert. ●

Adventskalender
(**5178**-6) Von Y. Thalheim, H. Nadolny, 32 S., 35 Farbfotos, mit Vorlagebogen in Originalgröße, kartoniert. ●

Duftsträuße und Potpourris
(**1239**-X) Von A. Effelsberg, 80 S., ca. 200 vierfarbige Abb., kart. ●●

Trockenblumenideen
Gewürzsträuße, Gestecke, Kränze, Buketts
(**0643**-8) Von R. Strobel-Schulze, 88 S., 170 Farbfotos, kartoniert. ●●

Neue zauberhafte Trockenblumen-Ideen
(**0821**-X) Von R. Strobel-Schulze, 80 S., 163 Farbfotos, kart. ●●

Phantasievolles Schminken
Verzauberte Gesichter für Maskeraden, Laienspiele und Kinderfeste
(**0907**-0) Hrsg.: H. u. Y. Nadolny, 64 S., 227 Farbfotos, kartoniert. ●●

Schminken für Kinder
(**5177**-8) Von Y. Thalheim, H. Nadolny, 32 S., 68 Farbfotos, mit Vorlagebogen in Originalgröße, kartoniert. ●

Moderne Fotopraxis
(**4401**-1) Von G. Koshofer, Prof. H. Wedewardt, 224 S., 363 Farbfotos, 106 s/w-Fotos, 5 Farb- und 24 s/w-Zeichnungen, Pappband. ●●●●

Mach dir ein Bild
Praxistips für Foto, Film und Video
(**4410**-0) Von G. Staab, 208 S., 202 Farbfotos, 175 s/w-Fotos, 1 Zeichnung, Pappband. ●●●●

So macht man bessere Fotos
(**1158**-X) Von G. Koshofer, 144 S., 259 Farbfotos, 25 s/w-Fotos, kartoniert. ●●

Videografieren
Filmen mit Video 8. Technik – Bildgestaltung – Schnitt – Vertonung.
(**0843**-0) Von M. Wild, K. Möller, 120 S., 101 Farbfotos, 22 s/w-Fotos, 52 Zeichnungen, kart. ●●●

Videografieren perfekt
Profitricks für Aufnahmetechnik und Nachbearbeitung
(**0969**-0) Von W. Schild, 120 S., 144 Farbabb., 5 s/w-Zeichnungen, kart. ●●●

Do it yourself und Technik

Do it yourself
Heimwerken
(**4117**-9) Von T. Pochert, 456 S., 1103 Farbfotos, 100 Farbabb., Pappband. ●●●●

Drechseln
Material · Technik · Beispiele
(**1306**-X) Von O. Maier, 72 S., 195 Farbabbildungen, 14 s/w-Zeichnungen, kart. ●●

Do it yourself
Dachgeschoß- und Innenausbau
(**1243**-8) Von C. von Mallinckrodt, ca. 96 S., zahlreiche viefarbige Fotos und Zeichnungen, kart. ●●

Do it yourself
Sanitärinstallationen
(**1118**-0) Von W. Kawlath, 96 S., 214 Farbabbildungen, kartoniert. ●●

Do it yourself
Metall bearbeiten
(**1119**-9) Von O. Maier, 96 S., 230 Farbfotos, 6 s/w-Zeichnungen, kartoniert. ●●

Do it yourself
Elektroarbeiten
(**0975**-5) Von K. H. Schubert, 120 S., 193 Farbfotos, 40 Zeichnungen, kartoniert. ●●

Alarmanlagen
für Wohnung, Haus, Auto
(**1308**-6) Von H.-W. Bastian, ca. 64 S., zahlreiche Farbabbildungen, kart. ●●

Hifi-Boxen
(**1307**-8) Von P. Röbke-Doerr, J. Knoff-Beyer, ca. 80 S., zahlreiche Farbabbildungen, kart. ●●

Restaurieren von Möbeln
Stilkunde, Materialien, Techniken, Arbeitsanleitungen in Bildfolgen.
(**4120**-9) Von E. Schnaus-Lorey, 152 S., 37 Farbfotos, 75 s/w-Fotos, 352 Zeichnungen, Pappband. ●●●●

Elektronik als Hobby
Von der Grundlagenschaltung zum integrierten Schaltkreis
Mit 8 wichtigen Universalplatinen
(**4293**-0) Von W. Priesterath, 264 S., 80 s/w-Fotos, 128 Zeichnungen, Pappband. ●●●●

Kleine Welt auf Rädern
Das faszinierende Spiel mit **Modelleisenbahnen (4175**-6) Von F. Eisen, 256 S., 72 Farb- und 180 s/w-Fotos, 25 Zeichnungen, Pappband. ●●●●

Die Super-Sportwagen der Welt
(**4423**-2) Von H. G. Isenberg, 194 S., 184 Farbfotos, 4 farbige Ausklapptafeln, 32 s/w-Fotos, Pappband. ●●●●

Die Super-Oldtimer der Welt
(**4465**-8) Von H. G. Isenberg, 194 S., 161 Farb- und 36 s/w-Fotos, 4 Ausklapptafeln, Pappband. ●●●●

Die Super-Rennwagen der Welt
(**4707**-X) Von H. G. Isenburg, 194 S., 189 Farbfotos, 31 s/w-Fotos, Pappband. ●●●●

Die Super-Trucks der Welt
(**4257**-4) Von H. G. Isenberg, 194 S., 205 Farbfotos, 87 s/w-Fotos, 7 Farbzeichnungen, 4 farb. Ausklapptafeln, Pappband. ●●●●

Die Super-Motorräder der Welt
(**4193**-4) Von H. G. Isenberg, 192 S., 170 Farb- und 100 s/w-Fotos, 8 Zeichnungen, Pappband. ●●●●

Die Super-Eisenbahnen der Welt
(**4287**-6) Von W. Kosak, H. G. Isenberg, 224 S., 269 Farbfotos, 79 s/w-Fotos, 8 Vignetten, 5 farb. Ausklapptafeln, Pappband. ●●●●

Die Super-Dampfloks der Welt
(**4480**-1) Von H. Faust, H. G. Isenberg, 194 S., 193 Farbfotos, mit vier Ausklapptafeln, Pappband. ●●●●

Plastikmodellbau
Autos, Schiffe, Flugzeuge in vollendeter Technik.
(**1116**-4) Von W. Kawlath, 96 S., 272 Farbabbildungen, kartoniert. ●●

Sport und Fitneß

Olympia '92
Barcelona, Albertville
(**4713**-4) Von H. Faßbender, 272 S., 414 Farbfotos, Pappband. ●●●●

Neue Lehrmethoden der Judo-Praxis
(**0424**-9) Von P. Herrmann, 223 S., 475 Abb., kartoniert. ●●

Judo perfekt 1
(**1249**-7) Von K. Fuchs, 128 S., kart. ●●

Fußwürfe
für Judo, Karate und Selbstverteidigung.
(**0439**-7) Von H. Nishioka, übers. von H. J. Heese, 96 S., 260 Abb., kart. ●●

Karate 1
zur Selbstverteidigung
(**1312**-4) Von M. Nakayama, 96 S., 315 s/w-Fotos, 5 Zeichn., kart. ●●

Karate 2
zur Selbstverteidigung
(**1362**-0) Von M. Nakayama, ca. 96 S., zahlr. s/w-Abb., kart. ●●

Nakayamas Karate perfekt 1
Einführung.
(**0487**-7) Von M. Nakayama, 136 S., 605 s/w-Fotos, kart. ●●

Nakayamas Karate perfekt 2
Grundtechniken.
(**0512**-1) Von M. Nakayama, 136 S., 354 s/w-Fotos, 53 Zeichnungen, kart. ●●

Nakayamas Karate perfekt 3
Kumite 1: Kampfübungen.
(**0538**-5) Von M. Nakayama, 128 S., 424 s/w-Fotos, kart. ●●

Nakayamas Karate perfekt 4
Kumite 2: Kampfübungen.
(**0547**-4) Von M. Nakayama, 128 S., 394 s/w-Fotos, kart. ●●

Nakayamas Karate perfekt 5
Kata 1: Heian, Tekki.
(**0571**-7) Von M. Nakayama, 144 S., 1229 s/w-Fotos, kart. ●●

Nakayamas Karate perfekt 6
Kata 2: Bassai-Dai, Kanku-Dai.
(**0600**-4) Von M. Nakayama, 144 S., 1300 s/w-Fotos, 107 Zeichnungen, kart. ●●

Nakayamas Karate perfekt 7
Kata 3: Jitte, Hangetsu, Empi.
(**0618**-7) Von M. Nakayama, 144 S., 1988 s/w-Fotos, 105 Zeichnungen, kart. ●●

Nakayamas Karate perfekt 8
Gankaku, Jion.
(**0650**-0) Von M. Nakayama, 144 S., 1174 s/w-Fotos, 99 Zeichnungen, kart. ●●

Karate
(**2308**-1) Von A. Pflüger, 96 S., 134 Farbfotos, 4 s/w-Zeichnungen, kart. ●●

Bo-Karate
Habo-Jitsu – die Techniken des Stockkampfes.
(**0447**-8) Von G. Stiebler, 176 S., 424 s/w-Fotos, 38 Zeichnungen, kart. ●●

Karate 1
Einführung · Grundtechniken.
(**0227**-0) Von A. Pflüger, 144 S., 195 s/w-Fotos, 120 Zeichnungen, kart. ●

Karate 2
Kombinationstechniken · Katas.
(**0239**-4) Von A. Pflüger, 176 S., 452 s/w-Fotos und Zeichnungen, kart. ●●

Karate Kata 1
Heian 1–5, Tekki 1, Bassai-Dai.
(**0683**-7) Von W.-D. Wichmann, 164 S., 703 s/w-Fotos, kart. ●●

Karate Kata 2
Jion, Empi, Kanku-Dai, Hangetsu.
(**0723**-X) Von W.-D. Wichmann, 140 S., 661 s/w-Fotos, 4 Zeichnungen, kart. ●●

Karate Kata 3
Bassai Sho, Kanku Sho, Nijushiho, Sochin.
(**1120**-2) Von W.-D. Wichmann, 144 S., 598 s/w-Fotos, 4 Grafiken, kart. ●●

Bruce Lees Kampfstil 1
Grundtechniken
(**0473**-7) Von B. Lee, M. Uyehara, 109 S., 220 Abb., kart. ●

Bruce Lees Kampfstil 2
Selbstverteidigungs-Techniken
(**0486**-9) Von B. Lee, M. Uyehara, 128 S., 310 Abb., kart. ●

Bruce Lees Kampfstil 3
Trainingslehre
(**0503**-2) Von B. Lee, M. Uyehara, 112 S., 246 Abb., kart. ●

Bruce Lees Kampfstil 4
Kampftechniken
(**0532**-7) Von B. Lee, M. Uyehara, 104 S., 211 Abb., kart. ●

Kung-Fu 1
Legende · Philosophie · Grundtechniken
(**0891**-0) Von Chr. Yim, 152 S., 401 s/w-Fotos, 2 s/w-Zeichnungen, kart. ●●

Kung-Fu und Thai-Chi
Grundlagen und Bewegungsabläufe
(**0367**-6) Von B. Tegner, 182 S., 370 s/w-Fotos, kart. ●●

Kung Fu
Theorie und Praxis klassischer und moderner Stile
(**0376**-5) Von M. Pabst, 160 S., 330 Abbildungen, kartoniert. ●●

Bruce Lees Jeet Kune Do
(**0440**-0) Von B. Lee, 192 S., mit 105 eigenhändigen Zeichnungen von B. Lee, kart. ●●

Shaolin-Kempo – Kung-Fu
Chinesisches Karate im Drachenstil.
(**0395**-1) Von R. Czerni, K. Konrad, 246 S., 723 Abb., kart. ●●

Kickboxen
Fitneßtraining und Wettkampfsport.
(**0795**-7) Von G. Lemmens, 96 S., 208 s/w-Fotos, 23 Zeichnungen, kart. ●●

Ninja 1
Die Lehre der Schattenkämpfer.
(**0758**-2) Von S. K. Hayes, übers. von J. Schmit, 144 S., 137 s/w-Fotos, kart. ●●

Ninja 2
Die Wege zum Shoshin.
(**0763**-9) Von S. K. Hayes, übers. von J. Schmit, 160 S., 309 s/w-Fotos, 2 Zeichnungen, kart. ●●

Ninja 3
Der Pfad des Togakure-Kämpfers.
(**0764**-7) Von S. K. Hayes, übers. von J. Schmit, 144 S., 197 s/w-Fotos, 2 Zeichnungen, kart. ●●

Ninja 4
Das Vermächtnis der Schattenkämpfer.
(**0807**-4) Von S. K. Hayes, übers. von J. Schmit, 196 S., 466 s/w-Fotos, kart. ●●

Taekwondo perfekt 1
Die Formenschule bis zum Blaugurt.
(**0890**-2) Von K. Gil, Kim Chul-Hwan, 176 S., 439 s/w-Fotos, 107 Zeichnungen, kart. ●●

Taekwondo perfekt 2
Die Formenschule vom Blau- bis zum Schwarzgurt.
(**0976**-3) Von K. Gil, K. Chul-Hwan, 192 S., 461 s/w-Fotos, 112 Zeichnungen, kart. ●●

Taekwondo perfekt 3
(**1068**-0) Von K. Gil, K. Chul-Hwan, 200 S., 429 s/w-Fotos, kartoniert. ●●●

Taekwondo perfekt 4
(**1250**-0) Von K. Gil, 160 S., zahlreiche s/w-Fotos und Schrittdiagramme, 17 Übungstafeln zum Herausnehmen, kart. ●●●

Ju-Jutsu 1
Grundtechniken · Moderne Selbstverteidigung.
(**0276**-9) Von W. Heim, F. J. Gresch, 164 S., 450 s/w-Fotos, 8 Zeichn., kart. ●

Ju-Jutsu 2
für Fortgeschrittene und Meister.
(**0378**-1) Von W. Heim, F. J. Gresch, 160 S., 798 s/w-Fotos, kart. ●●

Ju-Jutsu 3
Spezial-, Gegen- und Weiterführungs-Techniken · Stockkampfkunst.
(**0485**-0) Von W. Heim, F. J. Gresch, 200 S., über 600 s/w-Fotos, kart. ●●

Aikido
Lehren und Techniken des harmonischen Weges.
(**0537**-7) Von R. Brand, 280 S., 697 Abb., kart. ●●

Hap Ki Do
Koreanische Selbstverteidigung nach dem Lehrsystem des Großmeisters.
(**0379**-X) Von Kim Sou Bong, 112 S., 152 Abb., kart. ●●

Dynamische Tritte
Grundlagen für den Zweikampf.
(**0438**-9) Von C. Lee, 96 S., 398 s/w-Fotos, 10 Zeichnungen, kart. ●●

Super-Tritte
(**1248**-9) Von W. Wallace, 136 S., kart. ●●

Selbstverteidigung
Abwehrtechniken für Sie und Ihn.
(**0853**-8) Von E. Deser, 96 S., 259 s/w-Fotos, kart. ●

Die Faszination athletischer Körper
Bodybuilding
mit Weltmeister Ralf Möller.
(**4281**-7) Von R. Möller, 128 S., 169 Farbfotos, 14 s/w-Fotos, 1 Farbzeichnung, Pappband. ●●●●

Ladyfitneß
Das neue Körperbewußtsein der Frau
Bodyshaping · Körperpflege · Ernährung · Entspannung
(**4433**-X) Von Prof. Dr. S. Starischka, B. Grabis, D. von Cramm, G. W. Kienitz, 128 S., 227 Farbfotos, Pappband. ●●●●

Bodybuilding für Frauen
Wege zu Ihrer Idealfigur
(**0661**-6) Von H. Schulz, 112 S., 84 s/w-Fotos, 4 Zeichnungen, kart. ●

Bodybuilding
(**2314**-6) Von L. Spitz, 112 S., 203 Farbabbildungen, 10 Tabellen. ●●

Leistungsfähiger durch Krafttraining
Eine Anleitung für Fitness-Sportler, Trainer und Athleten.
(**0617**-9) Von W. Kieser, 96 S., 20 s/w-Fotos, 62 Zeichnungen, kart. ●

Krafttraining
Wirbelsäulengerechte Übungen an und mit Geräten
(**1309**-4) Von A. Balk, 40 S., 8 Bildtafeln, Spiralbindung. ●●●

Hanteltraining zu Hause
(**0800**-7) Von W. Kieser, 80 S., 71 s/w-Fotos, 4 Zeichnungen, kartoniert. ●

Fit und gesund
Fitneßtraining und Bodybuilding zu Hause. Trainingsprogramme für Ihr Wohlbefinden.
(**0782**-5) Von Prof. Dr. S. Starischka, 80 S., 100 Farbfotos, 3 Zeichnungen, kart. ●●

Optimale Ernährung
für Krafttraining und Bodybuilding.
(**0912**-7) Von B. Dahmen, 88 S., 8 Farbtafeln, 8 Zeichnungen, kart. ●

Fit mit Bio-Training
für Kraft, Ausdauer und Schnelligkeit.
(**2310**-3) Von L. Spitz, 112 S., 197 Farbfotos, 11 Farb- und 4 s/w-Zeichnungen, kart. ●●

Aufwärmen
Übungen und Programme für Sport und Spiel
(**1311**-6) Von Dr. H. Wolff, 40 S., 8 Bildtafeln, Spiralbindung. ●●●

Fitneßtraining
Empfohlen vom Deutschen Sportbund
(**1245**-4) Von Marianne Schreiber, 32 S., Spiralbindung mit Ausklapptafeln. ●●

Wirbelsäulengymnastik
Empfohlen vom Deutschen Sportbund
(**1246**-2) Von L. Keller, 40 S., Spiralbindung mit Ausklapptafeln. ●●

Stretching
Empfohlen vom Deutschen Sportbund
(**1247**-0) Von A. Balk, 40 S., Spiralbindung mit Ausklapptafeln. ●●

Gesund und fit durch **Konditionstraining und Wirbelsäulengymnastik**
(**0844**-9) Von R. Milser und K. Grafe, 104 S., 99 Farbfotos, 12 Farbzeichnungen, 5 s/w-Zeichnungen, kart. ●●

Fit mit Tai Chi
als sanfte Körpererfahrung
(**2305**-7) Von B. u. K. Moegling, 112 S., 121 Farbfotos, 6 Farb- u. 4 s/w-Zeichnungen, kart. ●●

Isometrisches Training
Übungen für Muskelkraft und Entspannung.
(**0529**-6) Von L. M. Kirsch, 104 S., 150 s/w-Fotos, kart. ●●

Stretching
Mit Dehnungsgymnastik zu Entspannung, Geschmeidigkeit und Wohlbefinden.
(**0717**-5) Von H. Schulz, 80 S., 90 s/w-Fotos, kart. ●

Stretching
(**2304**-9) Von B. Kurz, 96 S., 255 Farbfotos, kart. ●●

Gesund und fit durch Gymnastik
(**0366**-8) Von H. Pilss-Samek, 88 S., 130 Abb., kart. ●

Fit und frisch
Gymnastik für die ganze Familie
(**6501**-9) Von G. Sieber, 104 S., 306 Farbfotos, 5 Farbzeichnungen, kart., mit Audiokassette, Laufzeit 30 Min. ●●●

Fit mit Laufen
(**2315**-4) Von W. Sonntag, 96 S., 60 Farbfotos, 8 Farbzeichnungen, kart. ●●

ZDF Sportjahr 92
Rekorde · Siege · Schicksale · Ergebnisse
(**4729**-0) Hrsg. B. Heller, 208 S., 306 Farbf., Pappband. ●●●

Freeclimbing
Technik und Training
(**1251**-9) Von T. Strobl, 144 S., durchgehend vierfarbig, kart. ●●●

Skateboard
Material · Technik · Fahrpraxis
(**1104**-0) Von F. Böhm, M. Rieger, 96 S., 321 Farbabbildungen, kartoniert. ●●●

Fit mit Sportschießen
(**2312**-X) Von H. Gabelmann, 96 S., 44 Farbabbildungen, 3 s/w-Fotos, 19 s/w-Zeichnungen, kart. ●●

Fechten
Florett · Degen · Säbel.
(**0449**-4) Von E. Beck, 88 S., 185 Fotos, 10 Zeichnungen, kart. ●●

Fit mit Sportabzeichen
(**2307**-3) Von G. Hennige, 104 S., 107 Farbfotos, kart. ●●

Fit mit Volleyball
(**2302**-2) Von Dr. A. Scherer, 104 S., 27 Farb- und 1 s/w-Foto, 12 Farb- und 29 s/w-Zeichnungen, kart. ●●

Fußball
(**2309**-X) Von H. Obermann, P. Walz, 112 S., 47 Farbfotos, 18 Farb- und 25 s/w-Zeichnungen, kart. ●●

Sepp Maier
Super-Torwart-Training
(**4451**-8) Von S. Maier, 168 S., 30 Farb- und 34 s/w-Fotos, 236 zweifarbige Zeichnungen, Pappband. ●●●

SportRegeln Fußball
Die offiziellen Regeln
Wissenswertes von A bis Z
(**1096**-6) 104 S., 36 s/w-Fotos, 27 Zeichnungen, kart. ●

Handball
Technik · Taktik · Regeln.
(**0426**-5) Von F. und P. Hattig, 128 S., 91 s/w-Fotos, 121 Zeichnungen, kart. ●●

Handball
Grundlagen für Training und Spiel
(**2321**-9) Von H.-P. Oppermann, 120 S., 39 Farbtafeln, 12 s/w-Fotos, 108 Farbzeichnungen, kartoniert. ●●

SportRegeln Handball
Die offiziellen Regeln
Wissenswertes von A bis Z
(**1099**-6) 88 S., 32 s/w-Fotos, 14 Zeichnungen, kart. ●

SportRegeln Rugby
Die offiziellen Regeln
Wissenswertes von A bis Z
(**1216**-0) 96 S., zahlreiche zweifarbige Abb., kart. ●

Tennis
Technik · Taktik · Regeln.
(**0375**-7) Von W. u. S. Taferner, 112 S., 81 Abb., kart. ●

SportRegeln Tennis
Die offiziellen Regeln
Wissenswertes von A bis Z
(**1097**-4) 88 S., 24 s/w-Fotos, 6 Zeichnungen, kart. ●

Tischtennis-Technik
Der individuelle Weg zu erfolgreichem Spiel.
(**0775**-2) Von M. Perger, 144 S., 296 Abb., kart. ●●

SportRegeln Tischtennis
Die offiziellen Regeln
Wissenswertes von A bis Z (**1252**-7) 96 S., zahlreiche zweifarbige Abb., kart. ●

Badminton
Technik · Taktik · Training.
(**0699**-3) Von K. Fuchs, L. Sologub, 168 S., 51 Abb., kart. ●●

Squash
(**2311**-1) Von P. Langhammer, R. Michna, 96 S., 86 Farbfotos, 13 Farbzeichn., kart. ●●

Squash
Ausrüstung · Technik · Regeln
(**0539**-3) Von D. von Horn, H.-D. Stünitz, 96 S., 55 s/w-Fotos, 25 Zeichnungen, kart. ●

SportRegeln Squash
Die offiziellen Regeln
Wissenswertes von A bis Z
(**1100**-8) 64 S., 11 s/w-Fotos, 23 Zeichnungen, kart. ●

SportRegeln Golf
(**1315**-9) Ca. 96 S., zahlr. s/w- Abb., kart. ●

Golf
Ausrüstung und Technik.
(**0343**-9) Von J. C. Jessop, 96 S., 57 Abb., Anhang Golfregeln des DGV, kart. ●

Eishockey
Lauf- und Stocktechnik, Körperspiel, Taktik, Ausrüstung und Regeln.
(**0414**-1) Von J. Capla, 264 S., 548 s/w-Fotos, 163 Zeichnungen, kart. ●●●

Billard
Grundstöße · Viertelbillard und Freie Partie
(**1313**-2) Von Dr. H. Stingel, ca. 128 S., ca. 200 Farbabb., kart., ●●●

Grundlagen für Training und Spiel
Pool-Billard
(**2318**-9) Von B. Pejcic, R. Meyer, 96 S., durchgehend vierfarbig, kart. ●●

Pool-Billard
(**0484**-2) Herausgegeben vom Deutschen Pool-Billard-Bund. Von M.Bach, K.-W. Kühn, 104 S., 64 Abb., kart. ●

Reiten
(**2322**-7) Von T. Eckholt, 128 S., durchgehend vierfarbig, kart. ●●

Tanzstunde
Das Welttanzprogramm leicht gelernt
(**4409**-2) Von G. Hädrich, 164 S., 489 s/w-Fotos, 63 Zeichnungen, Pappband. ●●●

Wir lernen Tanzen
(**0200**-9) Von E. Fern, 152 S., 119 s/w-Fotos, 47 Zeichnungen, kartoniert. ●●

Anmutig und fit durch
Bauchtanz
(**0911**-9) Von Marta, 120 S., 229 Farbfotos, 6 s/w-Zeichnungen, kart. ●●●

Sporttauchen
Theorie und Praxis des Gerätetauchens
(**0647**-0) Von S. Müßig, 144 S., 8 Farbtafeln, 35 s/w-Fotos, 89 Zeichnungen, kart. ●●

Fit mit Sporttauchen
(**2320**-0) Von Dr. F. Naglschmid, 112 S., 71 Farbfotos, 21 Zeichnungen, kart. ●●

Angelfischerei von Aal bis Zander
Fische · Geräte · Technik.
(**0324**-2) Von H. Oppel, 72 S., 16 Farbtafeln, 49 s/w-Abb., kart. ●●

Angeln
Kleine Fibel für den Sportfischer.
(**0198**-3) Von E. Bondick, 80 S., 4 Farbtafeln, 116 Abb., kart. ●

Fit mit Surfen
(**2317**-3) Von H. Mönster, K.-H. Eden, B. Bohr, 104 S., 110 Farbfotos, 23 s/w-Zeichnungen, kartoniert. ●●

TELESKI
Skigymnastik perfekt
(**1037**-0) Von M. Vorderwülbecke, G. Kern, 120 S., 220 Farbfotos, 16 farbige Grafiken, 19 Farbzeichnungen, kartoniert. ●●

Snowboarding
Ausrüstung · Fahrtechnik · Wettkämpfe
Videokassette (6139-0) VHS, ca. 45 Min., in Farbe. ●●●●*

Fibel für Kegelfreunde
Sport- und Freizeitkegeln · Bowling
(**0191**-6) Von G. Bocsai, 72 S., 62 Abb., kart. ●

11spannende Kegelspiele
(**2031**-7) Von H. Regulski, 80 S., 53 Zeichnungen, kart. ●

Beliebte und neue
Kegelspiele
(**0271**-8) Von H. Regulski, 92 S., 62 Abbildungen, kartoniert. ●

Mensch und Gesundheit

Der moderne Ratgeber
Wir werden Eltern
Schwangerschaft · Geburt · Erziehung des Kleinkindes.
(**4269**-8) Von B. Nees-Delaval, 376 S., 335 2-farbige Abb., Pappband. ●●●●

Ich bekomme ein Baby
Wegweiser für Schwangerschaft und Geburt
(**1254**-3) Von B. Nees-Delaval, 144 S., durchgehend zweifarbig, kart. ●●

Wenn der Mensch zum Vater wird
Ein heiter-besinnlicher Ratgeber
(**4259**-0) Von D. Zimmer, 160 S., 20 Zeichnungen, Pappband. ●●●

Vorbereitung auf die Geburt und
Schwangerschaftsgymnastik
Atmung, Rückbildungsgymnastik,
(**0251**-3) Von S. Buchholz, 112 S., 98 s/w-Fotos, kartoniert. ●

Die Kunst des Stillens
nach neuesten Erkenntnissen (**0701**-9) Von Prof. Dr. med. E. Schmidt, S. Brunn, 112 S., 20 Fotos und Zeichnungen, kart. ●

Das Babybuch
Pflege · Ernährung · Entwicklung
(**0531**-8) Von A. Burkert, 96 S., 76 zweifbg. Zeichnungen, 22 s/w-Zeichnungen, kart. ●●

Babyfitneß
Massage, Spiele, Gymnastik und Schwimmen für Kinder im 1. Lebensjahr
(**1034**-6) Von G. Zeiß, 112 S., 179 zweifarbige Illustrationen, , kartoniert. ●●

Wenn Kinder krank werden
Medizinischer Ratgeber für Eltern
(**4240**-X) Von B. Nees-Delaval, 232 S., 163 Zeichnungen, Pappband. ●●●

Keinen Mann um jeden Preis
Das neue Selbstverständnis der Frau in der Partnerbeziehung
(**4440**-2) Von Shere Hite, Kate Colleran, 208 S., Pappband. ●●●

Total verknallt ... und keine Ahnung?
Alles über Liebe, Sex und Zärtlichkeit
(**1024**-9) Von H. Bruckner, R. Rathgeber, 104 S., 38 Abbildungen, kartoniert. ●●

Streicheleinheiten für Körper und Seele
Partnermassage
(**4444**-5) Von Chr. Unseld-Baumanns, 136 S., 145 Farbfotos, Pappband. ●●●●

Wörterbuch der Medizin
(**4535**-2) 400 S., 229 Farbf., Pappband. ●●●●

Bildatlas des menschlichen Körpers
(**4177**-2) Von G. Pogliani, V. Vannini, 112 S., 402 Farbabb., 28 s/w-Fotos, Pappband. ●●●●

Nahrungsmittelallergien
So ernähren Sie sich richtig!
(**0913**-5) Von Priv.-Doz. Dr. med. Dr. med. habil. J. von Mayenburg, Prof. Dr. med. Dr. phil. S. Borelli, E. Polster, 136 S., kart. ●●

Arteriosklerose
Risikofaktoren/Vorbeugung/Therapie
Richtige Ernährung bei erhöhtem Cholesterinspiegel.
(**1020**-6) Von Prof. Dr. med. G. Assmann, Dr. troph. U. Wahrburg, 192 S., 84 farb. Abb., 4 s/w-Zeichnungen, kartoniert. ●●●

Asthma
Pseudokrupp, Bronchitis und Lungenemphysem
Krankheitsbilder · Diagnose · Therapie
(**1126**-1) Von Prof. Dr. med. W. Schmidt, S. Ertelt, 152 Seiten, 110 zweifarbige Zeichnungen, kartoniert. ●●●

Diabetes
Krankheitsbild, Therapie, Kontrollen, Schwangerschaft, Sport, Urlaub, Alltagsprobleme. Neueste Erkenntnisse der Diabetesforschung. (**0895**-3) Von Dr. med. H. J. Krönke, 120 S., 4 Farbtafeln, 14 s/w-Fotos, 13 s/w-Zeichnungen, kartoniert. ●

Das moderne Hausbuch der Naturheilkunde
Neueste Erkenntnisse der Ganzheitsmedizin von Akupressur bis Zelltherapie.
(**4403**-8) Von G. Leibold, 448 S., 263 Farbzeichn., 15 s/w-Fotos, , Pappband. ●●●●●

Naturkosmetik
Die Grundlagen gesunder und natürlicher Hautpflege.
(**1080**-X) Von N. E. Haas, 120 S., 63 Farbabb., kartoniert. ●●

Die sanfte Art des Heilens
Homöopathie
Praktische Anwendung und Arzneimittellehre
(**4418**-X) Von J. H. P. Kreuter, 216 S., 49 Zeichnungen, Pappband. ●●●

Aromatherapie
Gesundheit und Entspannung durch ätherische Öle.
(**1131**-8) Von K. Schutt, 96 S., 40 zweifarbige Abbildungen, kartoniert. ●●

Heilatmen
Ein Weg zu Lebenskraft und innerer Harmonie
(**1047**-8) Von K. Schutt, 112 S., 57 zweifarbige Abb., kartoniert. ●●

Wetterfühligkeit
Vorbeugen und behandeln
Der Einfluß von Wetter und Klima auf Körper und Psyche.
(**0998**-4) Von Dipl.-Met. H. Trenkle, fachl. Beratung Prof. Dr. V. Faust, 120 S., 8 Farbtafeln, 31 zweifarbige Abbildungen und Tabellen, kartoniert. ●●●●

Bewährte Naturheilverfahren bei
Herz-Kreislauf-Erkrankungen
(**1084**-2) Von Dr. med. O. Wolff, G. Leibold, 104 S., kartoniert. ●

Risiko Herzinfarkt
(**1217**-9) Von Dr. C. Halhuber, Prof. Dr. M. J. Halhuber, 160 S., durchgehend zweifarbig, kart. ●●●

Krebsangst und Krebs behandeln
Mit einem Vorwort von Prof. Dr. med. Friedrich Douwes.
(**0839**-2) Von G. Leibold, 104 S., kartoniert. ●

Bewährte Naturheilverfahren bei
Krebs
(**1082**-6) Hrsg. H.-R. Heiligtag, 88 S., kartoniert. ●

Heilen mit Blütenenergien
nach Dr. Bach
(**1141**-5) Von J. Wenzel, ca. 96 S., kart. ●

Bewährte Naturheilverfahren bei
Migräne und Schlafstörungen
(**1081**-8) Von G. Leibold, Dr. med. H. Chr. Scheiner, 112 S., kartoniert. ●

Gesunder Schlaf
Schlafstörungen ohne Medikamente erfolgreich behandeln.
(**1036**-2) Von D. H. Alke, 88 S., 22 s/w-Abb., mit Audiokassette, kartoniert. ●●●

Natürliche Behandlungsmethoden bei
Rückenschmerzen
Massage · Gymnastik · Entspannung
(**4447**-X) Von Prof. Dr. med. H. Hess, K. Eder, H.-J. Montag, K. Schutt, 152 S., 168 Farbabbildungen, Pappband. ●●●

TELE-Rückenschule
Wohlbefinden durch bewußte Körpererfahrung
(**1310**-8) Von K. Haak, 64 S., 19 Farb-, 24 s/w-Fotos, 24 Zeichn., 2 Ausklapptafeln, mit Audiokassette, kart. ●●●●

TELE-Rückenschule
Wohlbefinden durch bewußte Körpererfahrung
Videokassette (6108-0) VHS, ca. 60 Min., in Farbe, mit Broschüre. ●●●●*

Rheuma behandeln und lindern
Mit einem Vorwort von Dr. med. Max-Otto Bruker.
(**0836**-8) Von G. Leibold, 96 S., kartoniert. ●

Besser sehen durch Augentraining
Ein Gesundheitsprogramm zur Verbesserung des Sehvermögens.
(**0914**-3) Von K. Schutt, B. Rumpler, 96 S., 32 s/w-Zeichnungen, kartoniert. ●

So arbeitet das
Immunsystem
(**1253**-5) Von V. Friebel, I. Ledvina, A. Roßmeier, 192 S., durchgehend zweifarbig, kart. ●●●

Allergien behandeln und lindern
Mit einem Vorwort von Prof. Dr. med. Axel Stemmann.
(**0840**-6) Von G. Leibold, 96 S., 4 Zeichnungen, kartoniert. ●

Enzyme
Vitalstoffe für die Gesundheit
(**0677**-2) Von G. Leibold, 96 S., kartoniert. ●

Besser leben durch Fasten
(**0841**-4) Von G. Leibold, 96 S., kartoniert. ●

Die echte Schroth-Kur
(**0797**-3) Von Dr. med. R. Schroth, 88 S., 2 s/w-Fotos, kartoniert. ●

Massagetechniken und Heilanzeigen
Reflexzonentherapie
(**4404**-6) Von G. Leibold, 128 S., 53 Farbzeichnungen, Pappband. ●●●

Akupressur zur Eigenbehandlung
(**0417**-6) Von G. Leibold, 112 S., 78 Abb., kartoniert. ●

Shiatsu-Massage
Harmonisierung der Energieströme im Körper
(**0615**-2) Von G. Leibold, 196 S., 180 Abb., kartoniert. ●●●

Fußsohlenmassage
Heilanzeigen · Technik · Selbsthilfe
(**0714**-0) Von G. Leibold, 96 S., 38 Zeichnungen, kartoniert. ●

Entspannung und Schmerzlinderung durch
Massage
(**0750**-7) Von B. Rumpler, K. Schutt, 112 S., 116 zweifarbige Zeichnungen, kart. ●

Gesundheit und Entspannung durch
Massage
(**1317**-5) Von K. Schutt, ca. 176 S., ca. 200 zweifbg. Abb., kart. ●●●

Entspannung
(**0834**-1) Von Dr. Med. Chr. Schenk, 88 S., 29 Zeichnungen, kart. ●

Autogenes Training
Ein Programm zur Streßbewältigung
(**1278**-0) Von Dr. P. Kruse, B. Pavlekovic, K. Haak, 112 S., durchgehend zweifarbig, kart. ●●●

Erfolg und Lebensfreude durch
Autogenes Training und Psychokybernetik
(**1035**-4) Von D. H. Alke, 80 S., 2 s/w-Zeichnungen, mit Audiokassette, kartoniert. ●●●

Chinesisches Schattenboxen
Tai-Ji-Quan
für geistige und körperliche Harmonie
(**0850**-3) Von F.T. Lie, 120 S., 221 s/w-Fotos, 9 s/w-Zeichnungen, Beilage: 1 s/w-Poster mit zahlreichen Abbildungen, kart. ●●

Yoga für jeden
(**1277**-2) Von K. Zebroff, 144 S., Spiralbindung, durchgehend vierfarbig, kart. ●●●

Yoga
Weg zur Harmonie
(**4417**-8) Von A. Harf, W. von Rohr, 176 S., 171 Farbfotos, 12 s/w-Zeichnungen, Pappband. ●●●●

Yoga gegen Haltungsschäden und Rückenschmerzen
(**0394**-3) Von A. Raab, 104 S., 215 Abb., kartoniert. ●

PfundsKur Kochbuch
(**4726**-6) Von F. Metzler, ca. 112 S., zahlr. Farbabbildungen, Pappband. ●●●

Fit ohne Fett
Die neue PfundsKur
(**1370**-1) Von Prof. Dr. V. Pudel, ca. 144 S., kart. ●

Die aktuelle
Ballaststofftabelle
(**1288**-8) Von Dr. H. Oberritter, 80 S., kart. ●

Neue Rezepte für **Diabetiker-Diät**
Vollwertig · abwechslungsreich · kalorienarm
(**0418**-4) Von M. Oehlrich, 96 S., 8 Farbtafeln, kartoniert. ●

Diät bei Herzkrankheiten und Bluthochdruck
Rezeptteil von B. Zöllner
(**3202**-1) Von Prof. Dr. med. H. Rottka, 92 S., 4 Farbtafeln, kartoniert. ●●

Diät bei Erkrankungen der Nieren, Harnwege und bei Dialysebehandlung
Rezeptteil von B. Zöllner.
(**3203**-X) Von Prof. Dr. med. Dr. h. c. H. J. Sarre und Prof. Dr. med. R. Kluthe, 96 S., 33 Farbfotos, 1 s/w-Zeichnung, kartoniert. ●●

Richtige Ernährung wenn man älter wird
Rezeptteil von B. Zöllner
(**3204**-8) Von Prof. Dr. med. H.-J. Pusch, 96 S., 36 Farbfotos und 3 s/w-Zeichnungen, kartoniert. ●●

Diät bei Darmkrankheiten
Durchfall · Divertikulose, Reizdarm und Darmträgheit · einheimische Sprue (Zöllakie) · Disaccharidasemangel · Dünndarmresektion · Dumping Syndrom, Rezeptteil von B. Zöllner. (**3211**-0) Von Prof. Dr. med. G. Strohmeyer, 88 S., 4 Farbtafeln, kartoniert. ●●

Diät bei Gicht und Harnsäuresteinen
Rezeptteil von B. Zöllner.
(**3205**-6) Von Prof. Dr. med. N. Zöllner, 112 S., 35 Farbtafeln, kartoniert. ●●

Diät bei Zuckerkrankheit
Rezeptteil von B. Zöllner (**3206**-4) Von Prof. Dr. med. P. Dieterle, 112 S., 42 Farbfotos, 4 vierfarbige Vignetten, 1 s/w-Zeichnung, kartoniert. ●●

Diät bei Störungen des Fettstoffwechsels und zur Vorbeugung der Arteriosklerose
Rezeptteil von B. Zöllner.
(**3208**-0) Von Prof. Dr. med. G. Wolfram, 102 S., 32 Farbfotos, kartoniert. ●●

Ballaststoffreiche Kost bei Funktionsstörungen des Darms
Rezeptteil von B. Zöllner.
(**3212**-9) Von Prof. Dr. med. H. Kasper, 96 S., 34 Farbfotos, 1 s/w-Foto, kart. ●●

Diät bei Krankheiten des Magens und Zwölffingerdarms
Rezeptteil von B. Zöllner
(**3201**-3) Von Prof. Dr. med. H. Kaess, 96 S., 35 Farbfotos, 1 s/w-Zeichnung, kartoniert ●●

Diät bei Krankheiten der Gallenblase, Leber und Bauchspeicheldrüse
Rezeptteil von B. Zöllner.
(**3207**-2) Von Prof. Dr. med. H. Kasper, 88 S., 35 Farbfotos, 1 s/w-Zeichnung, , kart. ●●

Diät bei Übergewicht
Rezeptteil von B. Zöllner.
(**3209**-9) Von Prof. Dr. med. Ch. Keller, 104 S., 42 Farbfotos, 3 s/w-Zeichnungen, kart. ●●

Garten und Tiere

FALKEN Gartenjahr
(**4730**-4) Von K. Greiner, A. Weber, P. Michaeli-Achmühle, ca. 320 S., zahlreiche Farbabbildungen, Pappband. ●●●

Garten heute
Der moderne Ratgeber · Über 1000 Farbbilder. (**4283**-3) Von H. Jantra, 384 S., über 1000 Farbabb., Pappband. ●●●●

Helmut Jantras Gartenbuch
Obst · Gemüse · Blumen
(**4522**-0) Von H. Jantra, 200 S., 395 Farbfotos, 123 Farbzeichnungen, 25 Tabellen, Pappband. ●●

1000 ganz bewährte Garten-Tips
(**4453**-4) Von H. Jantra, 320 S., 288 zweifbg. und 62 s/w-Zeichn., , Pappband. ●●●

Obst, Gemüse, Blumen, Gras
Gärtnern macht den Kindern Spaß
(**4517**-4) Von U. Krüger, 96 S., 85 Farbfotos, 180 Farbzeichznungen, Pappband. ●●

Rosen
Auswahl · Pflege · Gestaltung
(**1183**-0) Von H. Jantra, 120 S., 200 Farbfotos, 20 Farbzeichnungen, 8 Bepflanzungspläne, kartoniert. ●●

Erfolgstips für den Obstgarten
Gesunde Früchte durch richtige Sortenwahl und Pflege
(**0827**-9) Von F. Mühl, 184 S., 16 Farbtafeln, 33 Zeichnungen, kartoniert. ●●

Erfolgstips für den Gemüsegarten
Mit naturgemäßem Anbau zu höherem Ertrag. (**0674**-8) Von F. Mühl, 80 S., 30 s/w-Fotos, 4 Zeichnungen, kartoniert. ●●

Obstgehölze sachgemäß schneiden
(**1127**-X) Von P. G. Wilhelm, 136 S., 8 s/w-Abb., 367 Zeichnungen, kartoniert. ●●

Erfolgreich gärtnern mit
Frühbeet und Folie
(**0828**-7) Von Dr. Gustav Schoser, 88 S., 8 Farbtafeln, 46 s/w-Fotos, kartoniert. ●

Aktion Garten ohne Gift
Gesunde Umwelt durch natürlichen Pflanzenschutz.
Ein Praxis-Handbuch von E. Hoplitschek u. B. M. Tegethoff. (**4425**-9) 176 S., 250 Farbfotos, 35 Farb- und 29 s/w-Zeichnungen, Pappband. ●●●●

Kompost im Hausgarten
herstellen und anwenden
(**1258**-6) Von H. Abels, J. Jöstingmeier, ca. 30 zweifarbige Zeichnungen, kart. ●

Der naturgemäße Zier- und Wohngarten
Anlegen · Gestalten · Pflegen
(**0748**-5) Von I. Gabriel, 128 S., 72 Farbfotos, 46 Farbzeichnungen, kartoniert. ●●

Natürlich gärtnern unter Glas und Folie
Anbauen und ernten rund ums Jahr
(**0722**-1) Von I. Gabriel, 128 S., 62 Farbfotos, 45 Farbzeichnungen, kartoniert. ●●

Dekorative Kübelpflanzen
Auswahl und Plfege
(**1074**-5) Von H. Jantra, 112 S., 180 Farbfotos, 35 Farbzeichnungen, kartoniert. ●●

Blütenpracht auf Balkon und Terrasse
(**0928**-3) Von M. Haberer, 88 S., 139 Farbfotos, kartoniert. ●●

Moderne Gartengestaltung
(**1255**-1) Von K. Greiner, A. Weber, 128 S., mit Rasterbogen und Planelementen zum Ausschneiden, ca. 120 Farbfotos, ca. 20 vierfarbige Pläne, kart. ●●●

Gestaltungsideen für
Schöne Gärten
(**4482**-8) Von H. Jantra, 168 S., 309 Farbfotos, 3 s/w-Fotos, , Pappband. ●●●●●

Der pflegeleichte Hausgarten
(**1170**-9) Von H. Jantra, 112 S., vierfarbige Abb., kart. ●●

Schöne Kräutergärten
(**1256**-X) Von H. Jantra, 112 S., vierfarbige Abb., kart. ●●

Kleingärten
Planen · Anlegen · Pflegen
(**1015**-X) Von H. Jantra, 88 S., 123 Farbfotos, 1 s/w-Foto, 14 Farbzeichnungen, , kart. ●●

Reihenhausgärten
Planen · Anlegen · Pflegen
(**1016**-8) Von H. Jantra, 104 S., 134 Farbfotos, 45 Farbzeichnungen, kart. ●●

Kletterpflanzen
Mit Sonderteil Dachbegrünung
(**4546**-8) Von U. Mehl, K. Werk, 128 S., ca. 150 Farbfotos, farbige und s/w-Zeichnungen, Pappband. ●●●●

Steingärten Wirkungsvoll gestalten und sachgerecht pflegen
(**4452**-6) Von A. Throll-Keller, 128 S., 203 Farbf., 56 Farbzeichn., Pappband. ●●●●

Gartenteiche, Tümpel und Weiher
naturnah anlegen und pflegen
(**1073**-7) Von Dr. F. Liedl, H. Goos, 80 S., 87 Farbfotos, 39 Farbzeichnungen, kart. ●●

Wasser im Garten
Von der Vogeltränke zum Naturteich · Natürliche Lebensräume selbst gestalten.
(**4230**-2) Von H. Hendel, P. Keßeler, 240 S., 315 Farbabb., 11 s/w-Fotos, Pappband. ●●●●●

Pflanzen und Tiere für den Gartenteich
(**1171**-7) Von W. Costa, 128 S., 169 Farbfotos, 40 Farbzeichnungen, 8 Bepflanzungspläne, kartoniert. ●●

Wintergärten
Das Erlebnis, mit der Natur zu wohnen. Planen, Bauen und Gestalten.
(**4256**-6) Von LOG ID, 136 S., 130 Farbfotos, 107 Zeichnungen, Pappband. ●●●●

Rund ums Jahr erfolgreich gärtnern
Gewächshäuser
planen · bauen · einrichten · nutzen
(**4408**-9) Von Dr. G. Schoser, J. Wolff, 232 S., 368 Farbabb., 5 s/w-Fotos, Pappband. ●●●●●

Das moderne Handbuch **Zimmerpflanzen**
(**4416**-X) Von H. Jantra, 304 S., 766 Farbfotos, 64 Farb- und 19 s/w-Zeichnungen, Pappband. ●●●●

365 Erfolgstips für schöne Zimmerpflanzen
(**0893**-7) Von H. Jantra, 144 S., 215 Farbfotos, kartoniert. ●●

Dekorative Blattpflanzen
Auswahl und Pflege
(**1128**-8) Von H. Jantra, 128 S., 198 Farbfotos, 20 Farbzeichnungen, kartoniert. ●●

Prof. Stelzers grüne Sprechstunde
Gesunde Zimmerpflanzen
Krankheiten erkennen und behandeln. Mit neuem Diagnosesystem.
(**4274**-4) Von Prof. Dr. G. Stelzer, 192 S., 410 Farbfotos, 10 s/w-Zeichnungen, Pappband. ●●●●

Hydrokultur
Pflanzen ohne Erde – mühelos gepflegt.
(**0944**-5) Von H.-A. Rotter, 144 S., 167 Farbfotos, 13 Farbzeichnungen, kart. ●●

Gesunde Pflanzen in
Hydrokultur
(**1257**-8) Von H.-A. Rotter, 80 S., ca. 60 s/w-Zeichnungen, 8 Farbtafeln, kart. ●

Bonsai Japanische Miniaturbäume und Miniaturlandschaften. Anzucht, Gestaltung und Pflege.
(**4091**-1) Von B. Lesniewicz, 160 S., 106 Farbfotos, 46 s/w-Fotos, 115 Zeichnungen, gebunden. ●●●●●

Fibel für Kakteenfreunde
(**0199**-1) Von H. Herold, 102 S., 23 Farbfotos, 37 s/w-Abb. kartoniert. ●

Grzimek Juniors **BUNTE TIERWELT**
(**4295**-7) Von Chr. Grzimek, 208 S., 308 Farbfotos, Pappband. ●●●●

Hunde
Rassen · Ausbildung · Pflege · Zucht
(**4118**-7) Von H. Bielfeld, 192 S., 222 Farb- und 73 s/w-Abb., Pappband. ●●●●

Das neue Hundebuch
Rassen · Aufzucht · Pflege (**0009**-X) Von W. Busack, überarbeitet von Dr. med. vet. A. H. Hacker und H. Bielfeld, 112 S., 8 Farbtafeln, 27 s/w-Fotos, 6 Zeichnungen, kartoniert. ●

Alles über Dackel, Teckel und Dachshunde
(**1079**-6) Von M. Wein-Gysae, 80 S., 46 Farbfotos, 2 zweifarbige Zeichnungen, kart. ●●

Hundeausbildung
Verhalten · Gehorsam · Ausbildung
(**0346**-3) Von R. Menzel, 88 S., 26 Fotos, kartoniert. ●

Grundausbildung für Gebrauchshunde
Schäferhund, Boxer, Rottweiler, Dobermann, Riesenschnauzer, Airedaleterrier, Hovawart und Bouvier.
(**0801**-5) Von M. Schmidt und W. Koch. 104 S., 8 Farbtafeln, 51 s/w-Fotos, 5 s/w-Zeichnungen, kartoniert. ●●

Der Hund in der Familie
(**1014**-1) Von J. Werner, 128 S., 106 Farbfotos, kartoniert. ●●

Der Deutsche Schäferhund
(**1091**-5) Von U. Förster, 112 S., 47 Farbzeichnungen, 2 s/w-Fotos, kartoniert. ●●

Der Deutsche Schäferhund
Aufzucht · Pflege und Ausbildung
(**0073**-1) Von A. Hacker, 104 S., 56 Abbildungen, kartoniert. ●

Alles über junge Hunde
(**0863**-5) Von Dr. med. vet. E. M. Bartenschlager, 64 S., 49 Farbfotos, 6 Zeichnungen, kartoniert. ●●

Richtige Hundeernährung
(**0811**-2) Von Dr. med. vet. E. M. Bartenschlager, 80 S., 51 Farbfotos, 4 Farbzeichn, kartoniert. ●●

Hundekrankheiten
(**1077**-X) Von Dr. med. vet. R. Spangenberg, 96 S., 44 Farb- und 1 s/w-Foto, 22 Farbzeichnungen, kartoniert. ●●

Von Ajax bis Zamperl
Die beliebtesten Hunde-Namen
(**1174**-1) Von H.-J. Schließke, ca. 80 S., kartoniert. ●

Katzen
Rassen · Verhalten · Pflege · Zucht
(**4158**-6) Von B. Gerber, 176 S., 294 Farb- und 88 s/w-Fotos, Pappband. ●●●●

Das neue Katzenbuch
Rassen · Aufzucht · Pflege.
(**0427**-3) Von B. Eilert-Overbeck, 120 S., 14 Farbfotos, 26 s/w-Fotos, kartoniert. ●

Katzenkrankheiten
erkennen und behandeln
(**1078**-8) Von Dr. med. vet. R. Spangenberg, 104 S., 40 Farbfotos und 11 Farbzeichnungen, kartoniert. ●●

Junge Katzen
(**0862**-7) Von Dr. med. vet. E. M. Bartenschlager, 72 S., 40 Farbfotos, 4 Farbzeichnungen, kartoniert. ●

Pferde
(**4186**-1) Von H. Werner, 176 S., 196 Farb- und 50 s/w-Fotos, 100 Zeichnungen, Pappband. ●●●●

Reiten im Bild
(**0415**-X) Von H. Werner, 128 S., 142 Farbfotos, 107 Farbzeichnungen, kartoniert. ●●

Der Hobby-Imker
(**0978**-X) Von Dr. R. F. A. Moritz, 144 S., 106 zweifarbige Zeichnungen, kartoniert. ●●

Geflügelhaltung als Hobby
(**0749**-3) Von M. Baumeister, H. Meyer, 184 S., 8 Farbtafeln, 47 s/w-Fotos, 15 zweifarbige Zeichnungen, kartoniert. ●●

Sittiche und kleine Papageien
(**0864**-3) Von Dr. med. vet. E. M. Bartenschlager, 88 S., 84 Farbfotos, 9 Zeichnungen, kartoniert. ●●

Alles über Großsittiche
(**1320**-5) Von H. Bielfeld, 88 S., 88 Farbfotos, 3 Farbzeichnungen, kart. ●●

Alles über Wellensittiche
(**1129**-6) Von H. Bielfeld, 64 S., 53 Farbfotos, 3 Zeichnungen, kartoniert. ●●

Alles über Kanarienvögel
(**0901**-1) Von H. Schnoor, 64 S., 58 Farbfotos und Zeichnungen, kartoniert. ●●

Die Tiersprechstunde
Artgerechte Vogelfütterung im Winter
(**0908**-9) Von Dr. W. Keil, 64 S., 51 Farbfotos und Zeichnungen, kartoniert. ●

Elternlose Jungvögel
Erste Hilfe · Aufzucht · Auswilderung
(**1319**-1) Von I. Polaschek, 80 S., 80 Farbfotos, 5 Farbzeichnungen, kart. ●●

Süßwasser-Aquarium
(**4191**-8) Von H. J. Mayland, 288 S., 564 Farbfotos, 75 Zeichnungen, Pappband. ●●●●●

Die Tiersprechstunde
Gesunde Fische im Süßwasseraquarium
(**1013**-3) Von H. J. Mayland, 96 S., 73 Farbfotos, 10 Zeichnungen, kartoniert. ●●

Alles über Zwerg- und Goldhamster
(**1012**-5) Von M. Mettler, 96 S., 96 Farbfotos, kartoniert. ●●

Alles über Chinchillas und Degus
(**1130**-X) Von M. Mettler, 96 S., 80 Farbfotos, 3 Zeichnungen, kartoniert. ●●

Alles über Meerschweinchen
(**0809**-0) Von Dr. med. vet. E. M. Bartenschlager, 72 S., 43 Farbfotos, 11 Farbzeichnungen, kartoniert. ●●

Alles über Zwergkaninchen
(**1075**-3) Von M. Mettler,. 64 S., 52 Farbfotos, kartoniert. ●●

Alles über Rennmäuse
(**1318**-3) Von M. Mettler, 80 S., 74 Vignetten, kart. ●●

Reise

Der Metternich 93
(**4728**-2) Hrsg. C. Arius, 560 S., 288 Farbfotos, Pappband. ●●●●

Berlin
Die neue Metropole
(**1145**-8) Von R. Mader, 96 S., 116 Farbfotos, 15 hist. Landschafts- und Städteabbildungen,1 Stadtplan, kartoniert. ●●

An der Ostseeküste in Mecklenburg
(**1137**-7) Von R. Mader, 96 S., 94 Farbfotos, 18 hist. Städte- und Landschaftsabbildungen, kartoniert. ●●

Der Thüringer Wald und die Dichterstädte
(**1135**-0) Von R. Mader, 96 S., 95 Farbfotos, 17 hist. Landschafts- und Städteabbildungen, kartoniert. ●●

Dresden
Barockperle an der Elbe
(**1134**-2) Von R. Mader, 96 S., 97 Farbfotos, 13 hist. Landschafts- und Städteabbildungen, 1 s/w-Foto, 1 aufklappbarer Stadtplan, kart. ●●

Vom Spreewald zur Lausitz
(**1136**-9) Von R. Mader, 96 S., 95 Farbfotos, 11 hist. Landschafts- und Städteabbildungen, 1 Panoramakarte, kartoniert. ●●

FALKEN Video
Reiseziel Berlin
(**6067**-X) VHS, ca. 60 Minuten, in Farbe, Kompaktreiseführer mit Panoramakarte im Taschenformat. ●●●●●*

FALKEN Video
Reiseziel USA
Der Südwesten mit LAS VEGAS und den schönsten Sehenswürdigkeiten in den ROCKY MOUNTAINS.
(**6055**-6) VHS, ca. 60 Minuten, in Farbe, Kompaktreiseführer mit Panoramakarte im Taschenformat. ●●●●●*

FALKEN Video
Info-Tour USA
Die Highlights aus dem FALKEN Reiseprogramm New York, Kalifornien, Florida und USA Süd-West.
(**6060**-2) VHS, ca. 30 Minuten, in Farbe. ●*

FALKEN Video
Reiseziel New York
(**6048**-3) VHS, ca. 60 Minuten, in Farbe, mit Begleitbroschüre. ●●●●●*

FALKEN Video
Reiseziel Florida
(**6054**-8) VHS, ca. 60 Minuten, in Farbe, Kompaktreiseführer mit Panoramakarte im Taschenformat. ●●●●●*

FALKEN Video
Reiseziel Kalifornien
San Francisco und die schönsten Ziele in Kalifornien.
(**6049**-1) VHS, ca. 60 Minuten, in Farbe, mit Begleitbroschüre. ●●●●●*

FALKEN Video
Reiseziel Hawaii
(**6063**-7) VHS, ca. 60 Minuten, in Farbe, Kompaktreiseführer mit Panoramakarte im Taschenformat. ●●●●●*

FALKEN Video
Reiseziel Malediven
(**6116**-1) VHS, ca. 60 Minuten, in Farbe, mit Kompaktreiseführer im Taschenformat. ●●●●●*

FALKEN Video
Reiseziel Thailand
Exotisches Bangkok, traumhafte Strände, berühmte Tempel und Paläste.
(**6065**-3) VHS, ca. 60 Minuten, in Farbe, Kompaktreiseführer mit Panoramakarte im Taschenformat. ●●●●●*

FALKEN Video
Reiseziel Hongkong
(**6087**-4) VHS, ca. 60 Minuten, in Farbe, mit Kompaktreiseführer im Taschenformat. ●●●●●*

FALKEN Video
Reiseziel Info-Tour Fernost
Die Highlights aus den FALKEN Reisevideos Thailand, Bali, Hongkong
(**6094**-7) VHS, ca. 30 Minuten, in Farbe, mit Kompaktreiseführer im Taschenformat. ●●*

FALKEN Video
Reiseziel Kanarische Inseln
Schöne Strände, interessante Exkursionen.
(**6065**-5) VHS, ca. 60 Minuten, in Farbe, Kompaktreiseführer mit Panoramakarte im Taschenformat. ●●●●●*

FALKEN Video
Reiseziel Barcelona
(**6115**-3) VHS, ca. 60 Minuten, in Farbe, mit Begleitbroschüre. ●●●●●*

FALKEN Video
Reiseziel Florenz
(**6127**-7) VHS, ca. 60 Minuten, in Farbe, mit Kompaktreiseführer im Taschenformat. ●●●●●*

FALKEN Video
Reiseziel Toscana
(**6074**-2) VHS, ca. 60 Minuten, in Farbe, mit Kompaktreiseführer im Taschenformat. ●●●●●*

FALKEN Video
Reiseziel Rom
(**6076**-9) VHS, ca. 60 Minuten, in Farbe, mit Kompaktreiseführer im Taschenformat. ●●●●●*

FALKEN Video
Reiseziel Venedig
(**6117**-X) VHS, ca. 60 Minuten, in Farbe, mit Kompaktreiseführer im Taschenformat. ●●●●●*

FALKEN Video
Reiseziel Mallorca
(**6118**-8) VHS, ca. 60 Minuten, in Farbe, mit Kompaktreiseführer im Taschenformat. ●●●●●*

FALKEN Video
Reiseziel Irland
Entdeckungsreise mit Boot und Planwagen, präzise Informationen, praktische Tips.
(**6059**-9) VHS, ca. 60 Minuten, in Farbe, mit Kompaktreiseführer im Taschenformat. ●●●●●*

FALKEN Video
Reiseziel Norwegen
Rundreise zu den schönsten Fjorden, präzise Informationen, praktische Tips.
(**6058**-0) VHS, ca. 60 Minuten, in Farbe, Kompaktreiseführer mit Panoramakarte im Taschenformat. ●●●●●*

Rat und Wissen

Der gute Ton
in Gesellschaft und Beruf.
(**0063**-4) Von I. Wolter, 80 S., 42 s/w-Fotos, 7 Zeichnungen, kartoniert. ●

Der gute Ton
im Privatleben.
(**1111**-3) Von I. Wolter, bearbeitet von Wolf Stenzel, 104 S., 42 s/w-Abbildungen, kartoniert. ●

Umgangsformen heute
Die Empfehlungen des Fachausschusses für Umgangsformen.
(**4015**-6) 252 S., 108 s/w-Fotos, 17 Zeichnungen, Pappband. ●●●

Benehmen bei Tisch
(**0988**-7) Von I. Cording, 80 S., 90 Farbfotos, 5 s/w-Zeichnungen, kartoniert. ●●

Krawatten
Fliegen, Schals und Tücher gekonnt binden
(**1072**-9) Von Y. Thalheim, H. Nadolny, 48 S., 129 Farbfotos, 1 s/w-Foto, Pappband. ●

freundin
Das perfekte Make-up
(**4727**-4) Von M. Rüdiger, H. Kirchberger, G. Mergenburg, 128 S., 271 Farbfotos, Pappband. ●●●●

freundin Ratgeber
Hochzeit feiern
(**4702**-2) Von C. von Hoerner-Nitsch, I. Weber, K. Riebartsch, C. von Bernuth, 128 S., 188 Farbfotos, 28 s/w-Fotos, Pappband. ●●●●

Gedichte, Reden und Sketche
für grüne, silberne und goldene Hochzeitstage
(**1269**-1) Von F. Rieder, 160 S., durchgehend vierfarbig, Pappband. ●●

Wir heiraten
Ratgeber zur Vorbereitung und Festgestaltung der Verlobung und Hochzeit.
(**4188**-8) Von C. Poensgen, 216 S., 8 s/w-Fotos, 30 s/w-Zeichnungen, 8 Farbtafeln, Pappband. ●●●

Von der Verlobung zur Goldenen Hochzeit
(**0393**-5) Von E. Runge, 112 S., kartoniert. ●

Hochzeits- und Bierzeitungen
Muster, Tips und Anregungen.
(**0288**-2) Von H.-J. Winkler, mit vielen Text- und Gestaltungsanregungen, 116 S., 15 Abb., 1 Musterzeitung, kartoniert. ●

Die Silberhochzeit
Vorbereitung · Einladung · Geschenkvorschläge · Dekoration · Festablauf · Menüs · Reden · Glückwünsche. (**0542**-3) Von K. F. Merkle, 112 S., 41 Zeichnungen, kart. ●

Wie soll es heißen?
(**0211**-4) Von D. Köhr, 136 S., kartoniert. ●

Unsere beliebtesten Vornamen
(**1023**-0) Von A. F. W. Weigel, 160 S., 75 s/w-Fotos, Pappband. ●●

Kindergedichte, Lieder und Sketche für Hochzeitsfeiern
(**1112**-1) Von B. Lins, 72 S., 26 farbige Abbildungen, 15 Lieder, kartoniert. ●

Kindergedichte für Familienfeste
(**0860**-0) Von B. H. Bull, 96 S., 20 Zeichnungen, kartoniert. ●

Kindergedichte rund ums Jahr
(**1040**-0) Von A. Schweiggert, 80 S., 49 Zeichnungen, 6 Vignetten, kartoniert. ●

Ins Gästebuch geschrieben
(**0576**-8) Von K. H. Trabeck, 96 S., 24 Zeichnungen, kartoniert. ●

Der Verseschmied
Kleiner Leitfaden für Hobbydichter.
(**0597**-0) Von T. Parisius, 96 S., 28 Zeichnungen, kartoniert. ●

Die schönsten Volkslieder
(**0432**-X) Hrsg. D. Walther, 128 S., mit Noten und Zeichnungen, kartoniert. ●

Alte und neue
Wanderlieder
(**1268**-3) Von P. G. Walter, 96 S., zweifarbig, kart. ●●

Neue Glückwunschfibel
für groß und klein.
(**0156**-8) Von R. Christian-Hildebrandt, 96 S., 13 Vignetten, kartoniert. ●

Großes Buch der Glückwünsche
(**0255**-6) Hrsg. von O. Fuhrmann, 176 S., 77 Zeichnungen und viele Gestaltungsvorschläge, kartoniert. ●●

Wetter und Wind ändern sich geschwind
Beliebte Bauernregeln
(**1267**-5) Von G. Haddenbach, ca. 80 S., ca. 30 zweifarbige Illustrationen, kart. ●

Verse fürs Poesiealbum
(**0241**-6) Von I. Wolter, 96 S., 20 Abb., kart. ●

Heiter und besinnliche
Verse fürs Poesiealbum
(**1069**-9) Von B. H. Bull, 160 S., 70 zweifarbige Illustrationen, Pappband. ●●

Die Kunst der freien Rede
Ein Intensivkurs mit vielen Übungen, Beispielen und Lösungen.
(**4189**-6) Von G. Hirsch, 232 S., 11 Zeichnungen, Pappband. ●●●

Trinksprüche, Gästebuchverse, Richtsprüche
(**0224**-6) Von D. Kellermann, 96 S., kartoniert. ●

Glückwünsche, Toasts und Festreden zur Hochzeit
(**0264**-5) Von I. Wolter, 112 S., 18 Zeichnungen, kartoniert. ●

Trinksprüche und Festreden
(**1321**-3) Von L. Metzner, 144 S., 13 zweifarbige Zeichnungen, Pappband. ●●

Moderne Reden und Ansprachen
(**4742**-8) Von M. Adam, ca. 464 S., Pappband. ●●●●

Reden zu Familienfesten
Musteransprachen für viele Gelegenheiten
(**0675**-6) Von G. Georg, 112 S., kartoniert. ●

Reden im Verein
Musteransprachen für viele Gelegenheiten
(**0703**-5) Von G. Georg, 112 S., kartoniert. ●

Reden zum Jubiläum
Musteransprachen für viele Gelegenheiten
(**0595**-4) Von G. Georg, 112 S., kartoniert. ●

Reden und Sprüche zu Grundsteinlegung, Richtfest und Einzug
(**0598**-0) Von A. Bruder, G. Georg, 96 S., kartoniert. ●

Die überzeugende Rede
Mehr Erfolg durch bessere Rhetorik
(**0076**-6) Von K. Wolter, G. Kunz, 96 S., kartoniert. ●

Moderne Korrespondenz
Handbuch für erfolgreiche Briefe
(**4014**-8) Von H. Kirst und W. Manekeller, 544 S., Pappband. ●●●●

Musterbriefe
für alle Gelegenheiten.
(**0231**-9) Hrsg. von O. Fuhrmann, 240 S., kartoniert. ●●

Geschäftsbriefe
zeitgemäß und stilsicher
(**1323**-X) Von G. Briese-Neumann, 152 S., kart. ●●

FALKEN-Software
Musterkorrespondenz in Deutsch, Englisch, Französisch, Italienisch, Spanisch
(**7041**-1) Diskette 5 1/4″ für IBM-PC + Kompatible, mit Begleitbroschüre. ●●●●●*
(**7051**-9) Diskette 3 1/2″ für IBM-PC + Kompatible, mit Begleitbroschüre. ●●●●●*

Privatbriefe
Muster für alle Gelegenheiten.
(**0114**-2) Von I. Wolter-Rosendorf, 112 S., kart. ●

Erfolgstips für den Schriftverkehr
Briefgestaltung · Rechtschreibung · Zeichensetzung · Stil. (**0678**-0) Von U. Schoenwald, 112 S., kart. ●

Behördenkorrespondenz
Musterbriefe · Anträge · Einsprüche
(**0412**-5) Von E. Ruge, 112 S., kart. ●

Worte und Briefe der Anteilnahme
(**0464**-8) Von E. Ruge, 96 S., mit vielen Abb., kart. ●

Briefe zu Geburt und Taufe
Glückwünsche und Danksagungen. (**0802**-3) Von H. Beitz, 96 S., 12 Zeichnungen, kart. ●

FALKEN Rechtsberater
Fallbeispiele · Musterbriefe · Gerichtsurteile
(**4734**-7) Hrsg. S. von Hasseln, ca. 704 S., Pappband. ●●●●

Erziehungsgeld, Mutterschutz, Erziehungsurlaub
Das neue Recht für Eltern
(**0835**-X) Von J. Grönert, 144 S., kart. ●●

Liebe ja – Ehe nein
Die nichteheliche Lebensgemeinschaft
(**1071**-0) Von T. Drewes, 104 S., 8 s/w-Zeichnungen, kartoniert. ●●

Scheidung und Unterhalt
nach dem neuen Eherecht.
(**0403**-6) Von T. Drewes, 112 S., mit Kosten und Unterhaltstabellen, kart. ●

Alles, was man über Scheidung und Unterhalt wissen muß
(**1264**-0) Von T. Drewes, 128 S., kart. ●●

Alles, was man über Renten wissen muß
Mit Rentenreformgesetz 1992
(**1265**-9) Von K. Möcks, A. Schmitt, 112 S., kart. ●●

Wolfgang Büsers Erfolgstips
Rentenreform '92
(**1244**-6) Von W. Büser, 80 S., kart. ●

Wolfgang Büsers Erfolgstips
Teilzeitarbeit
(**1266**-7) Von W. Büser, 80 S., kart. ●●

Wolfgang Büsers Erfolgstips
(Lohn-) Einkommensteuer '92
Aktuell: Zinssteuer '93
(**1324**-8) Von W. Büser, ca. 128 S., kart. ●●

Testament und Erbschaft
Erbfolge, Rechte und Pflichten der Erben, Erbschafts- und Schenkungssteuer, Mustertestamente. (**4139**-X) Von T. Drewes, R. Hollender, 304 S., Pappband. ●●●

Der letzte Wille
Ratgeber für Erblasser, Erben und Hinterbliebene in Rechts-, Versorgungs- und Steuerfragen (**0939**-9) Von T. Drewes, 136 S., 9 s/w-Zeichnungen, kart. ●●

Mietrecht
Leitfaden für Mieter und Vermieter
(**0479**-6) Von J. Beuthner, 196 S., kart. ●●

Haushaltstips
praktisch und umweltfreundlich
(**1046**-X) Von K. Winkell, 96 S., 36 Zeichnungen, kartoniert. ●

Haushaltstips von A – Z
(**0759**-0) Von A. Eder, 80 S., 30 Zeichnungen, kartoniert. ●

Wege zum Börsenerfolg
Aktien · Anleihen · Optionen
(**4275**-2) Von H. Krause, 252 S., 4 s/w-Fotos, 86 Zeichnungen, Pappband. ●●●

FALKEN-Software
Börsenfieber
Spielend spekulieren mit Geld und Aktien
(**7016**-0) IBM-PC und Kompatible, Diskette 5 1/4", mit Begleitheft. ●●●●●*
(**7026**-8) für C 64/C 128 PC, mit Begleitheft
(**7027**-6) für Atari ST 520/1040, mit Begleitheft
(**7028**-4) für Amiga, mit Begleitheft
(**7044**-6) für IBM-PC + Kompatible, Diskette 3 1/2", mit Begleitheft.

FALKEN Software
Broker King
Cash und crash an der Terminbörse. Mit Warentermingeschäft und Optionshandel
(**7057**-8) Diskette 5 1/4" für IBM-PC + Kompatible, mit Begleitbroschüre. ●●●●●*
(**7058**-6) Diskette 3 1/2" für IBM-PC + Kompatible, mit Begleitbroschüre. ●●●●●*

Richtige Groß- und Kleinschreibung · durch neue, vereinfachte Regeln. Erläuterungen der Zweifelsfragen anhand vieler Beispiele.
(**0897**-X) Von Prof. Dr. Ch. Stetter, 96 S., kart. ●

Gutes Deutsch schreiben und sprechen
(**4432**-1) Von W. Manekeller, Dr. G. Reinert-Schneider, 416 S., durchgehend zweifarbig, Pappband. ●●●

Mehr Erfolg in der Schule
Deutsche Rechtschreibung und Grammatik
Übungen und Beispiele für die Klassen 5–10.
(**4407**-0) Von K. Schreiner, 256 S., durchgehend zweifarbig, Pappband. ●●●

Besseres Deutsch
Mit Übungen und Beispielen für Rechtschreibung, Diktate, Zeichensetzung, Aufsätze, Grammatik, Literaturbetrachtung, Stil, Briefe, Fremdwörter, Reden.
(**4115**-2) Von K. Schreiner, 444 S., 7 s/w-Fotos, 27 Zeichnungen, Pappband. ●●●

Diktate besser schreiben
Übungen zur Rechtschreibung für die Klassen 4 bis 8
(**0469**-9) Von K. Schreiner, 152 S., 31 Zeichnungen, kartoniert. ●●

Deutsche Grammatik
Ein Lern- und Übungsbuch
(**0704**-3) Von K. Schreiner, 122 S., kart. ●●

Aufsätze besser schreiben
Förderkurs für die Klassen 4 – 10
(**0429**-X) Von K. Schreiner, 144 S., 31 Abb., kartoniert. ●●

Mehr Erfolg in der Schule
Der Deutschaufsatz
Übungen und Beispiele für die Klassen 5 – 10.
(**4271**-X) Von K. Schreiner, 240 S., 4 s/w-Fotos, 51 Zeichnungen, Pappband. ●●●

Mehr Erfolg in der Schule
Deutsch
Textinterpretation, Literaturgeschichte und Stilkunde
(**4483**-6) Von K. Schreiner, 272 S., 43 zweifarbige Zeichnungen, Pappband. ●●●

Geschichte
Von der Französischen Revolution bis zur Gegenwart
(**4723**-1) Von K. Schreiner, 256 S., 50 s/w-Fotos, 10 Farbzeichnungen, 6 zweifarbige Landkarten, Pappband. ●●●

Geographie
Natürliche Grundlagen · Gestaltung der Umwelt · Die Staaten der Erde
(**4724**-X) Von V. Disch, ca. 256 S., ca. 40 Karten und Grafiken, Pappband. ●●●

Mehr Erfolg in der Schule
Mathematik 1
Arithmetik und Algebra. Übungen, Beispiele und Lösungen für die Klassen 5 bis 10.
(**4420**-8) Von R. Müller-Fonfara, 256 S., 193 Zeichn., 2 s/w-Fotos, Pappband. ●●●

Mehr Erfolg in der Schule
Mathematik 2
Geometrie, Statistik, Wahrscheinlichkeitsrechnung und kaufmännisches Rechnen
(**4456**-9) Von R. Müller-Fonfara, W. Scholl, 256 S., 6 s/w-Fotos, 304 Zeichnungen, Pappband. ●●●

Mathematische Formeln für Schule und Beruf
Mit Beispielen und Erklärungen.
(**0499**-0) Von R. Müller-Fonfara, 156 S., 210 Zeichnungen, kart. ●

Schülerlexikon der Mathematik
Formeln, Übungen und Begriffserklärungen für die Klassen 5 – 10
(**0430**-3) Von R. Müller-Fonfara, 176 S., 96 Zeichnungen, kart. ●

Mehr Erfolg in der Schule
Mathematik 4
Für die Klassen 11 bis 13
(**4701**-0) Von R. Müller-Fonfara, W. Scholl, ca. 240 S., durchgehend zweifarbig, ca. 110 Zeichnungen, Pappband. ●●●

Mathematik-Textaufgaben leicht gelöst
Aufgaben · Lösungsstrategien · Anwendungsbeispiele
(**1022**-2) Von R. Müller-Fonfara, 128 S., 4 Zeichnungen, kartoniert. ●●

Rechnen aufgefrischt für Schule und Beruf.
(**0100**-2) Von H. Rausch, 144 S., kart. ●

FALKEN Software
Wirtschaftsrechnen in Beruf und Alltag
(**7037**-3) Diskette für IBM-PC und Kompatible, mit Begleitheft. ●●●●●*

Mehr Erfolg in der Schule
Physik
Mechanik · Wärmelehre · Optik · Elektrizität · Atomphysik
(**4448**-8) Von Dr. T. Neubert. 240 S., 219 Zeichnungen, Pappband. ●●●

Physik verständlich
Förderkurs für die Klassen 7 bis 10
(**0926**-7) Von Dr. Th. Neubert, 136 S., 146 s/w-Zeichn., 166 Aufgaben, kart. ●●

Besseres Englisch
Grammatik und Übungen für die Klassen 5 bis 10.
(**0745**-0) Von E. Henrichs, 144 S., kart. ●●

Mehr Erfolg in der Schule
Englische Grammatik
Regeln und Übungen für die Klassen 5 bis 13
(**4431**-3) Von E. Henrichs-Kleinen, 256 S., durchgehend zweifarbig, Pappband. ●●●

FALKEN Software
Business English for Secretaries
Lernen und üben in berufsbezogenen Situationen (**7035**-7) Diskette 5 1/4" für IBM-PC + Kompatible, mit Begleitbroschüre. ●●●●●*
(**7059**-4) Diskette 3 1/2" für IBM-PC + Kompatible, mit Begleitbroschüre. ●●●●●*

FALKEN Software
The Grammar-Master
Englische Grammatik üben und beherrschen
(**7002**-0) Diskette für den C 64/C 128 PC ●●●●*
(**7030**-6) Diskette für IBM-PC + Kompatible, mit Begleitheft. ●●●●●*
(**7031**-4) Diskette für Atari ST 520/1040, mit Begleitheft. ●●●●●*
(**7032**-2) Diskette für Amiga, mit Begleitheft. ●●●●●*

FALKEN-Software
Vokabeltrainer Englisch
Von B. Hoppius. (**7001**-2) 2 Disketten für C 64/C 128 PC mit Begleitheft. ●●●●●*
(**7007**-1) Wendediskette für Atari ST 520/1040, mit Begleitheft. ●●●●●*
(**7034**-9) Diskette 5 1/4" für IBM-PC + Kompatible, mit Begleitheft. ●●●●●*
(**7084**-5) Diskette 3 1/2" für IBM-PC + Kompatible, mit Begleitheft. ●●●●●*

FALKEN-Software
Vokabeltrainer Französisch
Über 2000 Vokabeln und Redewendungen frei erweiterbar
(**7018**-7) Systemdiskette u. Wendediskette für C 64/C 128 PC, mit Begleitheft (**7019**-5) Diskette 5 1/4" für IBM-PC und Komp., mit Begleitheft. ●●●●●*

FALKEN-Software
Je finis, tu finis …
maitrisez la grammaire française
Französische Grammatik lernen und beherrschen
(**7053**-5) Diskette 5 1/4" für IBM-PC + Kompatible, mit Begleitbroschüre. ●●●●●*
(**7069**-1) Diskette 3 1/2" für IBM-PC + Kompatible, mit Begleitbroschüre. ●●●●●*

FALKEN-Software
Le monde des affaires en français
Wirtschaftsfranzösisch leicht gelernt
(**7054**-3) Diskette 5 1/4" für IBM-PC + Kompatible, mit Begleitbroschüre. ●●●●●*
(**7068**-3) Diskette 3 1/2" für IBM-PC + Kompatible, mit Begleitbroschüre. ●●●●●*

Besseres Französisch
Grammatik und Übungen für die Klassen 9 bis 11
(**1039**-7) Von R. Lübke, 114 S., durchgehend zweifarbig, kartoniert. ●●

Mehr Erfolg in der Schule
Französische Grammatik
Für die Klassen 7 bis 13
(**4703**-7) Von R. Lübke, ca. 256 S., durchgehend zweifarbig, Pappband. ●●●

FALKEN-Software
Vokabeltrainer Italienisch
Über 2000 Vokabeln und Redewendungen frei erweiterbar.
(**7065**-9) Diskette 5 1/4" für IBM-PC + Kompatible, mit Begleitbroschüre. ●●●●●*
(**7064**-0) Diskette 3 1/2" für IBM-PC + Kompatible, mit Begleitbroschüre. ●●●●●*

FALKEN-Software
Vokabeltrainer Latein
Über 2000 Vokabeln und Redewendungen frei erweiterbar
(**7022**-5) Von B. Hoppius, Wendediskette für C 64/C 128 PC, mit Begleitheft. ●●●●●*
(**7033**-0) Diskette 5 1/4" für IBM-PC + Kompatible, mit Begleitheft. ●●●●●*
(**7085**-3) Diskette 3 1/2" für IBM-PC + Kompatible, mit Begleitheft. ●●●●●*

Schnell und sicher zum Führerschein
Tips und Tricks aus 30jähriger-Fahrschul-Praxis.
(**0921**-6) Von O. Einert, 152 S., 156 Farbfotos, 161 z.T. farb. Zeichnungen, kart. ●●

FALKEN-Software
Schnell und sicher zum Führerschein
Intensivtraining mit dem amtlichen Fragenkatalog
(**7024**-1) Diskette für ATARI ST 250/1040, mit Begleitheft ●●●●●*

Der Test-Knacker bei Führerscheinverlust
(**1262**-4) Von T. Rieh, 128 S., kart. ●●

Erfolgreiche Bewerbung um einen Ausbildungsplatz
(**0715**-9) Von H. Friedrich, 128 S., kart. ●

Bewerbungsstrategien
Erfolgreiche Konzepte für Karrierebewußte
(**1027**-3) Von Dr. W. Reichel, 128 S., kartoniert. ●●

Karriereplanung mit System
Bewerbungsstrategien für Frauen
(**4455**-0) Von R. Ibelgaufts, 144 S., 20 Cartoons, Pappband. ●●

Die Bewerbung
Der moderne Ratgeber für Bewerbungsbriefe, Lebenslauf und Vorstellungsgespräche.
(**4138**-1) Von W. Manekeller, 264 S., Pappband. ●●●

Die erfolgreiche Bewerbung
Bewerbung und Vorstellung
(**0173**-8) Von W. Manekeller, U. Schoenwald, 144 S., kartoniert. ●●

Lebenslauf und Bewerbung
Beispiele für Inhalt, Form und Aufbau
(**0428**-1) Von H. Friedrich, 112 S., kart. ●

Erfolgreiche Bewerbungsbriefe und Bewerbungsformen
(**0138**-X) Von W. Manekeller, U. Schoenwald, 88 S., kart. ●

Das überzeugende
Vorstellungsgespräch
Erfolgreiche Strategien für den ersten Eindruck
(**1261**-6) Von R. Ibelgaufts, 144 S., kart. ●●

Vorstellungsgespräche
sicher und erfolgreich führen.
(**0636**-5) Von H. Friedrich, 144 S., kart. ●

Einstellungstests und andere Methoden der Bewerberauswahl
(**1263**-2) Von Dr. R. Hilke, H. Hustedt, 160 S., 27 Zeichnungen, kart. ●●

Keine Angst vor Einstellungstests
Ein Ratgeber für Bewerber.
(**0793**-6) Von Ch. Titze, 120 S., 67 Zeichnungen, kart. ●

freundin
Kind und Beruf: (K)ein Problem
(**1322**-1) Von I. Weber, 168 S., 14 Zeichnungen, kart. ●●

freundin Ratgeber
Neu um Job: So überzeugen Sie
(**1259**-4) Von G. Teusen, 160 S., kart. ●●

Die ersten Tage am neuen Arbeitsplatz
Ratschläge für den richtigen Umgang mit Kollegen und Vorgesetzten
(**0855**-4) Von H. Friedrich, 104 S., kart. ●

Zeugnisse im Beruf
richtig schreiben, richtig verstehen
(**0544**-X) Von H. Friedrich, 112 S., kart. ●

So lernt man leicht und schnell
Maschinenschreiben
Lehrbuch für Schulen, Lehrgänge und Selbstunterricht. (**0568**-7) Von M. Kempkes, 112 S., 48 Zeichnungen, kart. ●●

FALKEN-Software
Maschinenschreiben und Tastaturtraining für Computer
(**7009**-8) Von B. Hoppius, Diskette 5 1/4" u. 3 1/2" für IBM-PC + Kompatible, mit Begleitheit. ●●●●●

Buchführung leicht gemacht
Ein methodischer Grundkurs für den Selbstunterricht (**4238**-8) Von D. Machenheimer, R. Kersten, 252 S., Pappband. ●●●●

Buchführung leicht gefaßt
Für Handwerker, Gewerbetreibende und freiberuflich Tätige. (**0127**-4) Von R. Pohl, 104 S., kart. ●

Stenografie leicht gelernt
im Kurus oder Selbstunterricht
(**0266**-1) Von H. Kaus, 64 S., kart. ●

Gitarre spielen
Ein Grundkurs für den Selbstunterricht
(**0534**-2) Von A. Roßmann, 96 S., 1 Schallfolie, 150 Zeichnungen, kart. ●●●

Faszinierendes Erlebnis
Tierwelt
(**4706**-1) Von U. und W. Dolder, 196 S., 314 Farbzeichnungen, Pappband. ●●●●

Das große Buch der
Antworten auf Kinderfragen
(**4477**-1) Von H. Hofmann, U. Kopp, G. Jankovics u.a., 192 S., 308 Farbzeichnungen, Pappband. ●●●

Das neue, farbige
Jugendlexikon
(**4472**-0) Von J. Frey, D. Rex, 304 Seiten, 269 Farb- u. 52 s/w-Fotos, 6 Farbzeichn., Pappband. ●●●●

Das große farbige Kinderlexikon
(**4195**-0) Von U. Kopp, 320 S., 493 Farbabb., 17 s/w-Fotos, Pappband. ●●●

Briefmarken sammeln
(**0481**-8) Von D. Stein, 120 S., 4 Farbtafeln, 98 s/w-Abbildungen, kartoniert. ●

Umweltexperimente für Kinder und Jugendliche
(**4708**-8) Von F. Jantzen, ca. 80 S., ca. 100 farbige Fotos und Zeichnungen, Pappband. ●●●

Telefonkarten sammeln
Serien · Preise · Sammeltips
(**1326**-4) Von M. Burzan, 128 S., 251 Farbfotos, kart. ●●

Münzen
Ein Brevier für Sammler.
(**0353**-6) Von E. Dehnke, 128 S., 4 Farbtafeln, 17 s/w-Abb., kart. ●●

Die Handschrift als Spiegel des Charakters
Graphologie
(**1025**-7) Von Dr. W. Busch, 104 S., 87 Schriftproben, kartoniert. ●

Familienforschung · Ahnentafel · Wappenkunde
Wege zur eigenen Familienchronik
(**0744**-2) Von P. Bahn, 128 S., 8 Farbtafeln, 30 Abbildungen, kart. ●●

Familienforschung und Wappenkunde
(**4485**-2) Von P. Bahn, 224 S., 114 zweifarbige Abbildungen, Pappband. ●●●●●

freundin Ratgeber
Allein auf Achse
(**1260**-8) Von H. Guilino, 176 S., kart. ●●

Brain Building
Das Supertraining für Gedächtnis, Logik, Kreativität
(**4704**-5) Von M. vos Savant, 256 S., Pappband. ●●●

Traumdeutung
Die Bildersprache unserer Traumwelt entschlüsseln
(**4486**-0) Von G. Fink, 384 S., 74 zweifarbige Fotos, Pappband. ●●●●

Wahrsagen
mit den Karten der Madame Lenormand
(**1328**-0) Von B. A. Mertz, 108 S., 39 s/w-Abbildungen, kart. ●●

Wahrsagen mit Tarot-Karten
(**0482**-6) Von E. J. Nigg, 112 S., 52 s/w-Abb., Pappband. ●

Die 12 Tierzeichen
Chinesisches Horoskop
(**0423**-0) Von G. Haddenbach, 88 S., kartoniert. ●

Partnerschaftshoroskop
Glück und Harmonie mit Ihrem Traumpartner.
(**0587**-3) Von G. Haddenbach, 112 S., 11 Zeichnungen, kart. ●

Im Zeichen der Sterne
(**0951**-8) Der feurige Widder
(**0952**-6) Der willensstarke Stier
(**0953**-4) Die vielseitigen Zwillinge
(**0954**-2) Der feinfühlige Krebs
(**0955**-0) Der königliche Löwe
(**0956**-9) Die zuverlässige Jungfrau
(**0957**-7) Die charmante Waage
(**0958**-5) Der leidenschaftliche Skorpion
(**0959**-3) Der temperamentvolle Schütze
(**0960**-7) Der treue Steinbock
(**0961**-5) Der selbstbewußte Wassermann
(**0962**-3) Die romantischen Fische
Von G. Haddenbach, 64 S., 35 Farbfotos, Pappband. ●

Spiele und Denksport

Spielbare Witze für Kinder
(**0824**-4) Von H. Schmalenbach, 112 S., 30 Zeichnungen, kart. ●

Neue spielbare Witze für Kinder
(**1173**-3) Von H. Schmalenbach, 96 S., 31 Zeichnungen, kart. ●

Scherzfragen, Drudel und Blödeleien
gesammelt von Kindern.
(**0506**-7) Hrsg. von W. Pröve, 80 S., 57 Zeichnungen, kart. ●

Kinderspiele
die Spaß machen
(**2009**-0) Von H. Müller-Stein, 104 S., 28 Abbildungen, kart. ●

Kinderspiele mit Buchstaben und Wörtern
(**1041**-9) Von Dr. U. Vohland, 96 S., 54 Zeichnungen, kartoniert. ●

Spiel und Spaß am Krankenbett
für Kinder und die ganze Familie
(**2035**-X) Von H. Bücken, 96 S., 97 Zeichnungen, kart. ●

Spiele im Freien
(**2038**-4) Von G. Wagner, 88 S., 20 zweif. Zeichnungen, kartoniert. ●

Spiel und Spaß zu Hause
(**2039**-2) Von U. Geißler, 80 S., 90 zweifarbige Abbildungen, kart. ●

Spiel und Spaß auf Reisen
Für Kinder und die ganze Familie
(**1085**-0) Von U. Geißler, 80 S., 107 zweifarbige Zeichnungen, kart. ●

Kleine Spiele ganz groß
(**1330**-2) Von U. Vohland, 80 S., 93 s/w-Zeichnungen, kart. ●

Guten Tag, Kinder!
Neue Texte mit Spielanleitungen fürs Kasperletheater.
(**0861**-9) Von U. Lietz, 96 S., 18 s/w-Zeichnungen, kart. ●

Kasperletheater
Spieltexte und Spielanleitungen · Basteltips für Theater und Puppen.
(**0641**-1) Von U. Lietz, 114 S., 4 Farbtafeln, 12 s/w-Fotos, 39 Zeichnungen, kart. ●

Kindergeburtstage, die keiner vergißt
Planung, Gestaltung, Spielvorschläge.
(**0698**-5) Von G. und G. Zimmermann, 104 S., 80 Vignetten, kart. ●

Kindergeburtstag
Vorbereitung, Spiel und Spaß.
(**0287**-4) Von Dr. I. Obrig, 136 S., 40 Abb., 11 Zeichnungen, 9 Lieder mit Noten, kart. ●●

Unvergeßliche Kindergeburtstage
(**4705**-3) Von G. Hennekemper, 176 S., 116 Farbfotos, 134 Farbzeichnungen, Pappband. ●●●

Unvergeßliche Kinderfeste
Tolle Dekorationen, Spiele, Sketche für drinnen und draußen
(**4457**-7) Von Dr. G. Hennekemper, 192 S., 111 Farbfotos, 214 Farb- und 14 s/w-Zeichnungen, 4 Seiten Schnittmuster, Pappband. ●●●

Lauter tolle Sachen, die Kinder gerne machen
(**4731**-2) Hrsg. U. Barff., ca. 352 S., zahlreiche Farbabbildungen, Pappband. ●●●

Neues Buch der siebzehn und vier Kartenspiele
(**0095**-2) Von K. Lichtwitz, 96 S., kart. ●

Alles über Pokern
Regeln und Tricks.
(**2024**-4) Von C. D. Grupp, 112 S., 29 Kartenbilder, kart. ●

Rommé und Canasta
in allen Variationen.
(**2025**-2) Von C. D. Grupp, 88 S., 24 Zeichnungen, kart. ●

Doppelkopf, Schafkopf, Binokel, Cego, Tarock und andere Stammtischspiele.
(**2015**-5) Von C. D. Grupp, 112 S., kart. ●

Black Jack
Regeln und Strategien des Kasinospiels.
(**2032**-3) Von K. Kelbratowski, 88 S., kart. ●

Spielend Skat lernen
unter freundlicher Mitarbeit des Deutschen Skatverbandes
(**2005**-8) Von Th. Krüger, 120 S., 181 s/w-Fotos, 22 Zeichn., kart. ●●

Patiencen
in Wort und Bild. (**2003**-1) Von I. Wolter-Rosendorf, 120 S., kart. ●

Neue Patiencen
(**2036**-8) Von H. Sosna, 160 S., 43 Farbtafeln, kart. ●●

Spielend Bridge lernen
(**2012**-0) Von J. Weiss, 96 S., 58 Zeichnungen, kart. ●

Spieltechnik im Bridge
(**2004**-X) Von V. Mollo und N. Gardener, deutsche Adaption von D. Schröder, 152 S., kart. ●●●

Neue Kartentricks
(**2027**-9) Von K. Pankow, 104 S., 20 Abb., kart. ●

Das japanische Brettspiel Go
(**2020**-1) Von W. Dörholt, 104 S., 182 Diagramme, kart. ●

Mah-Jongg
Das chinesische Glücks-, Kombinations- und Gesellschaftsspiel. (**2030**-9) Von U. Eschenbach, 80 S., 30 s/w-Fotos, 5 Zeichn., kart. ●

Backgammon
für Anfänger und Könner. (**2008**-2) Von G. W. Fink und G. Fuchs, 104 S., 41 Abb., kart. ●

Einführung in das Schachspiel
(**0104**-5) Von W. Wollenschläger und K. Colditz, 112 S., 116 Diagramme, kart. ●

Schach, das königliche Spiel
Von den Grundzügen zum strategischen Spiel.
(**1105**-9) Von T. Schuster, 192 S., 302 Diagramme, kart. ●●

Spielend Schach lernen
(**2002**-3) Von T. Schuster, 96 S., , kartoniert. ●

Kinder- und Jugendschach
Offizielles Lehrbuch des Deutschen Schachbundes zur Erringung der Bauern-, Turm- und Königsdiplome.
(**0561**-X) Von B. J. Withuis, H. Pfleger, 144 S., 220 Zeichnungen und Diagramme, kart. ●●

Zug um Zug
Schach für jedermann 1
Offizielles Lehrbuch des Deutschen Schachbundes zur Erringung des Bauerndiploms.
(**0648**-9) Von H. Pfleger, E. Kurz, 80 S., 24 s/w-Fotos, 8 Zeichn., 60 Diagramme, kart. ●

Zug um Zug
Schach für jedermann 2
Offizielles Lehrbuch des Deutschen Schachbundes zur Erringung des Turmdiploms.
(**0659**-4) Von H. Pfleger, E. Kurz, 128 S., 7 s/w-Fotos, 13 Zeichnungen, 78 Diagramme, kart. ●

Zug um Zug
Schach für jedermann 3
Offizielles Lehrbuch des Deutschen Schachbundes zur Erringung des Königsdiploms.
(**0728**-0) Von H. Pfleger, G. Treppner, 128 S., 4 s/w-Fotos, 84 Diagramme, 10 Zeichnungen, kart. ●

Schach für Fortgeschrittene
Taktik und Probleme des Schachspiels
(**0219**-X) Von R. Teschner, 88 S., 85 Diagramme, kart. ●

Neue Schacheröffnungen
(**0478**-8) Von T. Schuster, 104 S., 100 Diagramme, kart. ●

Würfelspiele
für jung und alt. (**2007**-4) Von F. Pruss, 112 S., 21 s/w-Zeichnungen, kart. ●

Roulette richtig gespielt
Systemspiele, die Vermögen brachten.
(**0121**-5) Von M. Jung, 96 S., zahlreiche Tabellen, kart. ●

Spiele für Party und Familie
(**2014**-7) Von Rudi Carrell, 80 S., 22 Zeichnungen, kart. ●

Neue Spiele für Ihre Party
(**2022**-8) Von G. Blechner, 120 S., 54 Zeichnungen, kartoniert. ●

Lustige Tanzspiele und Scherztänze
für Partys und Feste.
(**0165**-7) Von E. Bäulke, 80 S., 53 Abb., kart. ●

Das Spiel mit der Schwerkraft
Jonglieren
Mit Bällen, Keulen, Ringen und Diabolo.
(**1009**-5) Von S. Peter, 80 S., 149 Farbfotos, kartoniert. ●

Zaubern
einfach – aber verblüffend.
(**2018**-X) Von D. Bouch, 84 S., 41 Zeichnungen, kart. ●

Tips, Tricks und Gewinnstrategien für Game-Boy-Spiele
(**1235**-7) Von René Zey, 176 S., 100 Zeichnungen, kart. ●●

Neue Game-Boy-Spiele
Sport, Action und Adventure
(**1325**-6) Von R. Zey, 176 S., 21 s/w-Zeichnungen, kart. ●●

Alles über Super-Nintendo-Spiele
Technik, Tips und Facts
(**1340**-X) Von D. Mark, 104 S., zahlreiche Farbabbildungen, kart. ●●

Das neue Glücksrad Rätselbuch
(**1329**-9) 176 S., kart. ●●

Rätselspiele
Quiz- und Scherzfragen für gesellige Stunden
(**1270**-5) Von K. H. Schneider, ca. 80 S., ca. 80 s/w-Abb., kart. ●

Knobeleien und Denksport
(**2019**-8) Von K. Rechberger, 142 S., 105 Zeichnungen, kart. ●

So feiert man Feste fröhlicher
Heitere Vorträge und Gedichte
(**0098**-7) Von Dr. Allos, 96 S., 15 Abb., kart. ●

Die große Lachparade
Neue Texte für heitere Vorträge und Ansagen
(**0188**-6) Von E. Müller, 80 S., kart. ●

Da lacht das Publikum
Neue lustige Vorträge für viele Gelegenheiten.
(**0716**-7) Von H. Schmalenbach, 96 S., kart. ●

Die besten Witze und Cartoons des Jahres 10
(**1206**-3) Zusammengestellt von S. Kieslich, 288 S., zahlreiche Abb., Pappband. ●●

Computerbücher und Software

Das neue FALKEN
Computerlexikon
(**4356**-2) Von Dr. B. Kopp, 336 S., 121 s/w-Fotos, 184 Computergrafiken, Pappband. ●●●●

freundin
Das Computerbuch für Frauen
(**4372**-4) Von M. Thiel, 176 S., 102 Farbfotos, 73 Zeichnungen, Pappband. ●●●●

Desktop Publishing: Typografie und Layout Seiten gestalten am PC · für Einsteiger und Profis (**4330**-9) Von Dr. H. D. Baumann, M. Klein, 320 S., zahlreiche zweifarbige Abb., Pappband. ●●●●●

Einführung in C
(**4336**-8) Von A. Janka, P. Welzig, 270 S., zahlreiche Abbildungen, mit Begleitdiskette 5 1/4", Pappband. ●●●●●

PC HELP!
Systemkonfiguration für Windows-PCs
(**4371**-6) Von A. Görgens, ca. 96 S., durchgehend zweifarbig, kart. ●●

PC HELP!
Wissenschaftliche Texte mit Word 5.5
(**4360**-0) Von P. Vogel, ca. 96 S., durchgehend zweifarbig, kart. ●●

PC HELP!
Praktische Computerbenutzung mit Works 2.0
(**4369**-4) Von A. Görgens, ca. 96 S., durchgehend zweifarbig, kart. ●●

PC HELP!
DFÜ mit dem PC
(**4370**-8) Von M. Hofmann, ca. 96 S., durchgehend zweifarbig, kart. ●●

PC HELP!
Zeichnen mit dem PC
(**4361**-9) Von M. Hofmann, ca. 96 S., durchgehend zweifarbig, kart. ●●

PC HELP!
Präsentation mit dem PC
(**4368**-6) Von M. Hofmann, ca. 96 S., durchgehend zweifarbig, kart. ●●

PC HELP!
CONFIG. SYS. und AUTOEXEC. BAT
Optimale Systemkonfiguration
(**4338**-4) Von A. Görgens, 64 S., ca. 50 s/w-Abbildungen und Grafiken, kart. ●●

PC HELP!
DOS-Kommandos richtig nutzen
(**4339**-2) Von A. Görgens, 64 S., ca. 50 s/w-Abbildungen und Grafiken, kart. ●●

PC HELP!
Dateien retten mit Norton Utilities und PC-Tools
(**4340**-6) Von A. Görgens, 64 S., ca. 50 s/w-Abbildungen und Grafiken, kart. ●●

PC HELP!
Batch-Dateien – DOS-Abläufe selber festlegen
(**4341**-4) Von A. Görgens, 64 S., ca. 50 s/w-Abbildungen und Grafiken, kart. ●●

PC HELP!
Word – Serienbiefe
(**4342**-2) Von P. Vogel, 64 S., ca. 50 s/w-Abbildungen und Grafiken, kart. ●●

PC HELP!
Geschäftsgrafiken mit Lotus 1-2-3
(**4343**-0) Von P. Vogel, 64 S., ca. 50 s/w-Abbildungen und Grafiken, kart. ●●

PC HELP!
Die ersten Schritte mit dem PC
(**4344**-9) Von P. Vogel, H. Ebsen, 64 S., ca. 50 s/w-Abbildungen und Grafiken, kart. ●●

PC HELP!
Mehr Speicher unter DOS nutzen
(**4345**-7) Von K. O. Kuhl, 64 S., ca. 50 s/w-Abbildungen und Grafiken, kart. ●●

PC HELP!
Viren erkennen und beseitigen
(**4346**-5) Von M. Hofmann, 64 S., ca. 50 s/w-Abbildungen und Grafiken, kart. ●●

PC HELP!
dBASE-Relationen richtig nutzen
(**4347**-3) Von M. Hofmann, 64 S., ca. 50 s/w-Abbildungen und Grafiken, kart. ●●

PC HELP!
Termine steuern mit FRAMEWORK III
(**4348**-1) Von M. Hofmann, 64 S., ca. 50 s/w-Abbildungen und Grafiken, kart. ●●

PC HELP!
Listendruck mit dBASE und kompatiblen Programmen
(**4349**-X) Von M. Hofmann, 64 S., ca. 50 s/w-Abbildungen und Grafiken, kart. ●●

Das kleine DTP-Lexikon
(**4373**-2) Ca. 96 S., durchgehend zweifarbig, kart. ●●

Gestalten mit Ventura Publisher
(**4374**-0) Ca. 96 S., durchgehend zweifarbig, kart. ●●

Gestalten mit Pagemaker für Windows
(**4375**-9) Von M. Hofmann, R. Titius, ca. 96 S., durchgehend zweifarbig, kart. ●●

Präsentationsprogramme richtig nutzen
(**4376**-7) Von M. Hofmann, ca. 96 S., durchgehend zweifarbig, kart. ●●

Works für Windows
(**4377**-5) Von J. Wortelker, ca. 96 S., durchgehend zweifarbig, kart. ●●

Datenaustausch 1
(**4378**-3) Von M. Hofmann, ca. 96 S., durchgehend zweifarbig, kart. ●●

Datenaustausch 2
(**4379**-1) Von M. Hofmann, ca. 96 S., durchgehend zweifarbig, kart. ●●

FALKEN Software
Einstellungstest
Die optimale Vorbereitung für Bewerber
(**7013**-6) Wendediskette für C 64/C 128 PC, mit Begleitheft. ●●●●*

FALKEN Software
Schnell und sicher zum
Führerschein
Intensivtraining mit dem amtlichen Fragenkatalog (**7024**-1) für Atari ST 520/1040, mit Begleitheft. ●●●●*

FALKEN Software
Maschinenschreiben und Tastaturtraining für Comuter
(**7009**-8) Von B. Hoppius, Diskette 5 1/4″ u. 3 1/2″ für IBM-PC + Kompatible, mit Begleitheft. ●●●●●*

FALKEN Software
Musterkorrespondenz in Deutsch, Englisch, Französisch, Italienisch, Spanisch
(**7041**-1) Diskette 5 1/4″ für IBM-PC + Kompatible, mit Begleitbroschüre. ●●●●●*
(**7051**-9) Diskette 3 1/2″ für IBM-PC + Kompatible, mit Begleitbroschüre. ●●●●●*

FALKEN Software
Wirtschaftsrechnen in Beruf und Alltag,.
(**7037**-3) Diskette für IBM-PC + Kompatible, mit Begleitheft. ●●●●●*

FALKEN Software
Vokabeltrainer Englisch
Über 2000 Vokabeln und Redewendungen
(**7001**-2) Disk. für C 64/C 128 PC, mit Begleitheft. ●●●●●*
(**7007**-1) Disk. für Atari ST 520/1040, mit Begleitheft. ●●●●●*

FALKEN Software
Take a Trip to Britain
Spielend Englisch lernen mit dem Computer
(**7004**-7) Diskette für C 64/C 128 PC, mit Begleitheft. ●●●●*
(**7039**-X) Diskette 5 1/4″ für IBM-PC + Kompatible, mit Begleitheft. ●●●●●*

FALKEN Software
The Grammar Master
(**7002**-0) Diskette für C 64/C 128 PC, mit Begleitheft. ●●●●*
(**7030**-6) für IBM-PC + Kompatible, mit Begleitheft. ●●●●●*
(**7031**-4) für Atari ST 520/1040, mit Begleitheft. ●●●●●*
(**7032**-2) für Amiga, mit Begleitheft. ●●●●●*

FALKEN Software
From Coast to Coast
Travelling through the USA
(**7040**-3) Diskette 5 1/4″ für IBM-PC + Kompatible, mit Begleitbroschüre ●●●●●*
(**7061**-6) Diskette 3 1/2″ für IBM-PC + Kompatible, mit Begleitbroschüre. ●●●●●*

FALKEN Software
Vokabeltrainer Französisch
Über 2000 Vokabeln und Redewendungen frei erweiterbar.
(**7018**-7) Systemdisk. + Wendedisk. für C 64/C 128 PC, mit Begleitheft. (**7019**-5) Disk. für IBM-PC + Kompatible, mit Begleitheft. ●●●●●*

FALKEN Software
Je finis, tu finis... maîtrisez la grammaire française
Französische Grammatik lernen und beherrschen
(**7053**-5) Diskette 5 1/4″ für IBM-PC + Kompatible, mit Begleitbroschüre. ●●●●●*
(**7069**-1) Diskette 3 1/2″ für IBM-PC + Kompatible, mit Begleitbroschüre. ●●●●●*

FALKEN Software
Le monde des affaires en français
Wirtschaftsfranzösisch leicht gelernt
(**7054**-3) Diskette 5 1/4″ für IBM-PC + Kompatible, mit Begleitbroschüre. ●●●●●*
(**7068**-3) Diskette 3 1/2″ für IBM-PC + Kompatible, mit Begleitbroschüre. ●●●●●*

FALKEN Software
Vokabeltrainer Italienisch
Über 2000 Vokabeln und Redewendungen frei erweiterbar
(**7065**-9) Diskette 5 1/4″ für IBM-PC + Kompatible, mit Begleitbroschüre. ●●●●●*
(**7064**-0) Diskette 3 1/2″ für IBM-PC + Kompatible, mit Begleitbroschüre. ●●●●●*

FALKEN Software
Vokabeltrainer Latein
Über 2000 Vokabeln und Redewendungen frei erweiterbar
(**7022**-5) Von B. Hoppius, 2 Wendedisketten für C 64/C 128 PC, mit Begleitheft.
(**7033**-0) Diskette für IBM-PC + Kompatible, mit Begleitbroschüre. ●●●●●*

FALKEN Software
Börsenfieber
Spielend spekulieren mit Geld und Aktien
(**7016**-0) für IBM-PC + Kompatible, Diskette 5 1/4″, mit Begleitheft. ●●●●●*
(**7026**-8) für C 64/C 128 PC mit Begleitheft
(**7027**-6) für Atari ST 520/1040, mit Begleitheft. ●●●●●*
(**7028**-4) für Amiga, mit Begleitheft. ●●●●●*
(**7044**-6) für IBM-PC + Kompatible, Diskette 3 1/2″, mit Begleitheft. ●●●●●*
(**7038**-1) für C 64/128 C Kassette, mit Begleitheft. ●●●●*

FALKEN Software
Broker King
Cash und crash an der Terminbörse
(**7057**-8) Diskette 5 1/4″ für IBM-PC + Kompatible, mit Begleitbroschüre. ●●●●●*
(**7058**-6) Diskette 3 1/2″ für IBM-PC + Kompatible, mit Begleitbroschüre. ●●●●●*

Video

Hobby Aquarellmalen
Landschaft und Stilleben
(**6022**-X) VHS, 40 Min., in Farbe, mit Begleitheft. ●●●●*

Hobby Ölmalerei
Landschaft und Stilleben
(**6025**-4) VHS, 40 Min., in Farbe, mit Begleitheft. ●●●●*

Basteln mit Kindern
(**6041**-6) VHS, 60 Min., in Farbe, mit Vorlagen in Originalgröße, mit Begleitheft. ●●●*

Die Modelleisenbahn
Anlagenbau in Modultechnik
(**6028**-9) VHS, 30 Min., in Farbe. ●●●●*

Golf
(**6053**-X) VHS, 60 Min., in Farbe, mit Begleitheft. ●●●●●*

Reiten
(**6097**-1) VHS, ca. 60 Min., in Farbe, mit Begleitbroschüre. ●●●●*

Skigymnastik perfekt
(**6052**-1) VHS, ca. 60 Min., in Farbe, mit Begleitbroschüre. ●●●●●*

Pflanzenjournal
Blumen- und Pflanzenpflege im Jahreslauf
(**6036**-X) VHS, 30 Min., mit Begleitheft. ●●●●*

Schnitt und Pflege
von Bäumen und Sträuchern
(**6050**-5) VHS, 45 Min., in Farbe, mit Begleitheft. ●●●●*

Erfolgreiche Streßbewältigung
Autogenes Training
Video 1: Einführung und Kurs
Video 2: Übungen
(**6132**-3) VHS, jeweils ca. 60 Minuten, in Farbe. ●●●●●*

Aktfotografie
Gestaltung/Technik/Spezialeffekte
Interpretationen zu einem unerschöpflichen Thema
(**6001**-7) VHS, 60 Min., in Farbe, mit Begleitheft. ●●●●●*

Videografieren
Technik/Bildgestaltung/Schnitt/Vertonung, Filmen mit Video 8 (**6031**-6) VHS, 60 Min., in Farbe, mit Begleitheft. ●●●●●*

Videografieren perfekt
Profitricks für Aufnahmetechnik und Nachbearbeitung
(**6042**-4) VHS, (**6044**-4) Video 8, 60 Min., in Farbe, mit Begleitheft. ●●●●●*

Streicheleinheiten für Körper und Seele
Partnermassage
(**6051**-3) VHS, 45 Min., in Farbe, mit Begleitheft. ●●●●●*

Tele Partner Massage
Zärtliche Entspannung zu zweit
(**6131**-5) VHS, ca. 60 Minuten, in Farbe. ●●●●*

Sinnliche Stunden
(**6099**-8) VHS, ca. 60 Min., in Farbe, mit Begleitbroschüre. ●●●●●*

Nie wieder rauchen
(**6100**-5) VHS, ca. 45 Min., in Farbe, mit Begleitbroschüre. ●●●●*

Reiseziel **New York**
Die schönsten Sehenswürdigkeiten, präzise Informationen, praktische Tips
(**6048**-3) VHS, 60 Min., in Farbe, mit Begleitheft. ●●●●●*

Reiseziel **Kalifornien**
San Franzisko und die schönsten Ziele in Kalifornien.
Präzise Informationen und praktische Tips
(**6049**-1) VHS, 60 Min., in Farbe, mit Begleitbroschüre. ●●●●●*

Reiseziel **Florida**
(**6054**-8) VHS, 60 Min., in Farbe, mit Begleitheft. ●●●●●*

Reiseziel **Hawaii**
Das Paradies im Stillen Ozean
(**6063**-7) VHS, ca. 60 Min., in Farbe, Timecode, Kompaktreiseführer mit Panoramakarte im Taschenformat. ●●●●●*

Info-Tour USA
Die Highlights aus dem FALKEN Reiseprogramm
(**6060**-2) VHS, 30 Min., in Farbe, mit Begleitheft. ●*

Reiseziel **USA**
(**6055**-6) VHS, 60 Min., in Farbe, mit Begleitheft. ●●●●●*

Reiseziel **Irland**
(**6059**-9) VHS, 60 Min., in Farbe, mit Begleitheft. ●●●●●*

Reiseziel **Norwegen**
Rundreise zu den schönsten Fjorden, präzise Informationen, praktische Tips.
(**6058**-0) VHS, ca. 60 Min., in Farbe, Timecode, Kompaktreiseführer mit Panoramakarte im Taschenformat..●●●●●*

Reiseziel **Kanarische Inseln**
Schöne Strände, interessante Exkursionen
(**6064**-5) VHS, ca. 60 Min., in Farbe, Timecode, Kompaktreiseführer mit Panoramakarte im Taschenformat. ●●●●●*

Reiseziel **Thailand**
(**6065**-3) VHS, ca. 60 Min., in Farbe, Timecode, Kompaktreiseführer mit Panoramakarte im Taschenformat. ●●●●●*

Reiseziel **Bali**
(**6088**-2) VHS, ca. 60 Min., in Farbe, Kompaktreiseführer mit Panoramakarte im Taschenformat. ●●●●●*

Reiseziel **Hongkong**
(**6087**-4) VHS, ca. 60 Min., in Farbe, Kompaktreiseführer mit Panoramakarte im Taschenformat. ●●●●●*

Infotour Fernost
(**6094**-7) VHS, ca. 30 Min., in Farbe. ●●*

Reiseziel **Berlin**
Kultur, Shopping, Erlebnis
(**6067**-X) VHS, ca. 60 Min., in Farbe, Timecode, Kompaktreiseführer mit Panoramakarte im Taschenformat. ●●●●●*

Körpersprache
verstehen und deuten
(**6046**-7) VHS, 60 Min., in Farbe, mit Begleitheft. ●●●●●*

Das erfolgreiche Vorstellungsgespräch
(**6047**-5) VHS, 60 Min., in Farbe, mit Begleitheft. ●●●●●*

Rhetorik
(**6066**-1) VHS, ca. 58 Min., in Farbe, mit Begleitbroschüre. ●●●●●*

Bestellschein

Erfüllungsort und Gerichtsstand für Vollkaufleute ist der jeweilige Sitz der Lieferfirma. Für alle übrigen Kunden gilt dieser Gerichtsstand für das Mahnverfahren. Falls durch besondere Umstände Preisänderungen notwendig werden, erfolgt Auftragserledigung zu dem bei der Lieferung gültigen Preis.

Ich bestelle hiermit aus dem Falken-Verlag GmbH, Postfach 1120, D-6272 Niedernhausen/Ts., durch die Buchhandlung:

Ex.

Ex.

Ex.

Ex.

Name: Datum:

Straße:

Ort: Unterschrift:

Die hier vorgestellten Bücher, Videokassetten und Software sind in folgende Preisgruppen unterteilt:

● Preisgruppe bis DM 10,–/S 79,–
●● Preisgruppe über DM 10,– bis DM 20,– S 80,– bis S 160,–
●●● Preisgruppe über DM 20,– bis DM 30,– S 161,– bis S 240,–
●●●● Preisgruppe über DM 30,– bis DM 50,– S 241,– bis S 400,–
●●●●● Preisgruppe über DM 50,–/S 401,–
* (unverbindliche Preisempfehlung)

Die Preise entsprechen dem Status beim Druck dieses Verzeichnisses (s. Seite 1) – Änderungen, im besonderen der Preise, vorbehalten –